Die Landsmannschaft

Berlin - Mark Brandenburg

Von Werner Bader, Altbundessprecher

Werner Bader war der Bundessprecher mit der längsten Amtszeit in der Geschichte der Landsmannschaft Berlin – Mark Brandenburg: 14 ½ Jahre stand er an der Spitze. Also ein Viertel des über sechzigjährigen Bestehens. Vorher war er viele Jahre Stellvertretender Bundessprecher. Er wurde 1985 zum ersten Mal zum Bundessprecher gewählt, danach insgesamt sieben Mal mit großer Mehrheit. Er trat 1999 zurück.

Werner Bader ist jetzt Vorsitzender des Kulturfördervereins Mark Brandenburg.

Impressum

Titel: Die Landsmannschaft Berlin - Mark Brandenburg

ISBN 9783842344488

Herstellung und Verlag: Books on Demand GmbH, Norderstedt

Mit freundlicher Unterstützung der PC POINT Computer- und Datendienst GmbH bei der technischen Umsetzung von Text, Grafik und Covergestaltung.

Inhaltsverzeichnis

VORWORT 4
60 JAHRE ALT 6
DIE BRANDENBURGER TRAFEN SICH SCHON ALS DAS NOCH VERBOTEN
WAR 10
DIE LANDSMANNSCHAFT HORIZONTAL UND VERTIKAL ORGANISIERT 13
DIE HEIMATZEITUNGEN DER LANDSMANNSCHAFT 17
EIN BESONDERES KAPITEL: DIE „MÄRKISCHE ZEITUNG" 18
EINE BUNTE PALETTE: DIE HEIMATKREISBLÄTTER 21
ZUSAMMENARBEIT AUS VERANTWORTUNG FÜR DIE HEIMAT 24
DIE STIFTUNG BRANDENBURG 28
DAS BUNDESSOZIALWERK 30
DAS ERSTE BRANDENBURGER BUNDESTREFFEN 1950 31
REICHSMINISTER VON KEUDELL, DER SOZIALE EDELMANN 34
VON KEUDELL ZU KIEKEBUSCH 39
AKTIVE ZUSAMMENARBEIT KIEKEBUSCH - BADER 41
DIE STELLVERTRETENDEN BUNDESSPRECHER UNERSETZLICH: DR.
HANNEMARIE CONDEREIT 51
WERNER BADER WIRD 1985 BUNDESSPRECHER 53
BEGINN DER AMTSZEIT BADER 57
DIE ERSTE VORSTANDSSITZUNG UNTER NEUER FÜHRUNG NEUE
INTERESSANTE TAGUNGSORTE 59
DIE SCHATZMEISTER KURIOSITÄTEN 61
DER AKTIVE BUNDESGESCHÄFTSFÜHRER 64
DER INFORMATIONSDIENST EIN WICHTIGES INSTRUMENT 67
DIE STATIONEN DER STEIGERUNG DES EIGENANTEILS DER FINANZEN
.... 68
KONTAKT MIT DER NEUEN LANDESREGIERUNG BRANDENBURG 69
1991 DRAMATISCHE TAGUNG IN POTSDAM 70
DIE EINZELMITGLIEDSCHAFT RETTETE DIE LM 71
BADER SCHLÄGT PARTNERSCHAFT HEILBRONN – FRANKFURT VOR . 72
POLITISCHE VORAUSSAGEN: ENDE DES KOMMUNISMUS 75
DIE NEUEN AKTIVITÄTEN NACH DER WENDE 78
NACH DER WIEDERVEREINIGUNG: ERSTE VORSTANDSSITZUNG AN DER
ODER 79
1995: WERNER BADER ZEHN JAHRE BUNDESSPRECHER 82
DIE DELEGIERTENTAGUNGEN UND SITZUNGEN 83

DIE REDEN VON MINISTERPRÄSIDENT SPÄTH UND BUNDESSPRECHER BADER 87
MEINE IDEE EIN HAUS BRANDENBURG ZU SCHAFFEN FAND RESONANZ 87
UNVORSTELLBARES WURDE REALITÄT: GEDENKSTEINE IN DER HEIMAT 93
GEDENKSTEINE UND GEDENKTAFELN IN DEUTSCH UND POLNISCH 98
GEDENKSTEIN FÜR BÜCHSENSCHÜTZ 100
LANDSMANNSCHAFT HILFT BEI VIELEN PROJEKTEN 101
DIE LANDSBERGER TAGEN IN IHRER HEIMAT 106
BESUCH IN KÖNIGSBERG: „WIR SIND HIER ZU HAUSE" 107
DEUTSCH POLNISCHE TAGUNGEN: EIN EPOCHALES EREIGNIS. 111
DER SCHWIERIGE WEG ZUM „HAUS BRANDENBURG" 112
DIE MITGLIEDER DER HEIMATKREISE SPENDETEN 114
GESAMTKOSTEN HAUS BRANDENBURG: EINE MILLIONNEUNHUNDERTFÜNFZEHN MARK 116
GRUNDSTEINLEGUNG HAUS BRANDENBURG 117
DIE JAHRHUNDERTAUFGABE WURDE WIRKLICHKEIT FEIERLICHE EINWEIHUNG DES „HAUSES BRANDENBURG" 118
BRANDENBURGISCHE LANDESVERSAMMLUNG 1999 BILANZ, APPELL UND RÜCKTRITT 133
RÜCKTRITTSERKLÄRUNG BADER 157
RÜCKTRITTE – AUSTRITTE – SPALTUNG DER LM 158
ENDE EINER ERFOLGREICHEN, VORWÄRTSGERICHTETEN POLITIK ... 159
HAUSVERBOT 161
DAS ENDE DER LANDMANNSCHAFT IST PROGRAMMIERT, DER VERBAND STIRBT NACH 60 JAHREN 163
ÜBERSICHT: DIE ABNEHMENDE ORGANISATION 167
WESTBRANDENBURGISCHE HEIMATKREISE VERSCHWANDEN PLÖTZLICH 168
HEIMATKREISBETREUER DER ERSTEN STUNDE: 172
GOLDENE EHRENNADEL, DIE HÖCHSTE AUSZEICHNUNG DER LANDSMANNSCHAFT 173
TAGUNGSORTE DER DELEGIERTENTAGUNGEN 178
DIE GRÜNDUNG DES KULTURFÖRDERVEREINS MARK BRANDENBURG 182
DIE BRANDENBURGER VERTRIEBENEN IN DEN BUNDESLÄNDERN ... 186

Vorwort

Landsmannschaften, die großen Organisationen der deutschen Heimatvertriebenen, sind in der Bundesrepublik Deutschland in der Regel von den Medien bewußt oder unbewußt falsch dargestellt worden. Von der Politik wurden sie und ihre Arbeit meistens gelobt, ihr Anteil an dem Wiederaufbau Deutschlands gewürdigt und ein bißchen gestreichelt, denn sie stellten ein immenses Wählerpotenzial dar.

Landmannschaften erwiesen sich als Stabilisierungsfaktor in der jungen Demokratie, sie haben jeder Radikalisierung widerstanden, mit unendlichem Fleiß das Land mit aufgebaut und sich engagiert. Sie haben wichtige politische Persönlichkeiten in der Bundes – Landes – Kommunalpolitik gestellt. Dennoch blieb ihr politischer Einfluß begrenzt.

Die Landsmannschaft Berlin – Mark Brandenburg gehört zu den kleineren Landsmannschaften. In ihr organisierten sich die Heimatvertriebenen aus Ostbrandenburg, aus der Neumark und der östlichen Niederlausitz östlich der Oder und die politischen Flüchtlinge aus dem heutigen Land Brandenburg, westlich der Oder.

Es gibt nach dem Krieg keine neuen deutschen Heimatvertriebenen und nach der Wiedervereinigung keine deutschen politischen Flüchtlinge mehr. Der biologische Prozeß geht beschleunigt weiter. Die Lands-

mannschaft, die so notwendig im Nachkriegs-
deutschland war, geht deshalb ihrem Ende entgegen.
Allein deshalb ist es notwendig, die Geschichte der
Landsmannschaft zu dokumentieren.

Wenn sie von einem Autor geschrieben wird, der die
Entwicklung von der Gründung nach dem Krieg an
aktiv mitgestaltet hat, etwa die Hälfte der Zeit in führenden Ämtern tätig war, ein Viertel der Zeit des Bestehens an der Spitze stand, und nach der Wiedervereinigung Deutschlands die entscheidenden Jahre der
Landsmannschaft wesentlich gestaltet hat, dann flie-
ßen auch seine Erfahrungen ein.

Werner Bader

60 Jahre alt

Sechzig Jahre ist die Landsmannschaft Berlin – Mark Brandenburg 2009 alt geworden. Als sie fünfzig Jahre alt war, hatte sie politisch und kulturell ihren Höhepunkt erreicht. Nach einem halben Jahrhundert aktiver, erfolgreicher Arbeit. Und es war in der Tat ein ereignisreiches, turbulentes, aufregendes halbes Jahrhundert. Dann setzte der Abwärtstrend ein, der verstärkt anhält. Zehn Jahre später, also 2009 ist die Landsmannschaft nur noch ein Torso. Und in den Jahren danach ist sie ist sie weiter schnell geschrumpft.

Nach dem Krieg haben die Menschen in Deutschland dieses halbe Jahrhundert durchlebt und durchlitten. Das gilt in besonderem Maße für die Heimatvertriebenen. Als Heimatvertriebene aus Ostbrandenburg mußten sie nach dem Krieg ebenso bei Null anfangen, wie als politische Flüchtlinge aus der Sowjetischen Besatzungszone, der späteren DDR.

Die Heimatvertriebenen waren von den sowjetischen Kriegssiegern aus ihrer angestammten Heimat gejagt worden, die politischen Flüchtlinge von den Handlangern der östlichen Sieger, der DDR. Die Heimatvertriebenen und die politischen Flüchtlinge waren die Besitzlosen im Westen Deutschlands.

Beiden, den Heimatvertriebenen und den politischen Flüchtlingen war gemeinsam, daß sie aus ihrer Heimat, aus allen persönlichen Bindungen, geworfen worden waren, daß sie alle Habe zurücklassen muß-ten, daß andere sich dessen bemächtigten, was sie aufgebaut und erarbeitet oder ererbt von ihren Vätern hatten.

Dies brachte nicht nur körperlich spürbares Leid, Not und Hunger sondern auch unendliches seelisches Leid für die Menschen mit sich.

In dieser Situation haben Vertriebene und Flüchtlinge die Ärmel aufgekrempelt und im Westen unseres Lan-des am Wiederaufbau mit großer Energie, mit großem Einsatz mitgewirkt. Das wird heute bestenfalls gele-gentlich in Sonntagsreden erwähnt.

Die disziplinierte Haltung der zwölfeinhalb Millionen Vertriebenen, die in das kriegszerstörte Rumpf-deutschland hineingepresst wurden, hat verhindert, daß sie, die Besitzlosen und Notleidenden, zum sozia-len Sprengstoff wurden, worauf Stalin offenbar speku-liert hatte.

Damals lag es nahe, daß sich diese Deutschen zu-sammenschlossen um soziale Forderungen durchzu-setzen, aber auch gleichgesinnte Landsleute zu tref-fen, die aus derselben Gegend kamen, die gleiche Sprache sprachen, von der gleichen Landschaft und der gleichen Kultur geprägt waren, in der ihre Familien oft seit Jahrhunderten lebten und ihre Heimat hatten. Das Wort „Schicksalsgefährten" hatte damals einen tiefen Sinn.

Aus den örtlichen Zusammenschlüssen wuchs die Landsmannschaft. Da auch Ostberlin unter kommunistischer Herrschaft stand und von dorther politische Flüchtlinge kamen, lag es nahe, die Landsmannschaft Berlin - Mark Brandenburg zu nennen.

Ein Name, der damals und während der Zeit der Spaltung bis zur Wiedervereinigung zweifelsohne richtig war, heute aber wird er nicht mehr verstanden. Denn er ist falsch geworden, weil Berlin wieder eine ungeteilte Stadt ist. Es gibt, wie überall in Deutschland, keine politischen Flüchtlinge mehr, und die Berliner Heimatvertriebenen leben nun in einem Bundesland, wie alle anderen Vertriebenen in Deutschland auch.

In der DDR, einschließlich Ostberlin, durfte es offiziell weder Heimatvertriebene noch politische Flüchtlinge geben. Die Vertriebenen mußten ihre Heimat verleugnen und sich „Umsiedler" nennen. Die politischen Flüchtlinge wurden als „Republikflüchtlinge" gebrandmarkt, die nach DDR – Recht eine strafbare Handlung begangen hatten.

Die Landsmannschaft Berlin – Mark Brandenburg hat, gemeinsam mit den anderen Landsmannschaften aus den alten Reichsprovinzen, aus Ostpreußen, Westpreußen, Danzig, Pommern, Ostbrandenburg, Schlesien aber auch aus den traditionellen deutschen Siedlungsgebieten, an Weichsel und Warthe, dem Sudetenland und denen in Südosteuropa viel durchsetzen können. Eine ganze Palette von finanziellen Hilfen, von der Hausratshilfe und der Eingliederungshilfe an, bis hin zum Lastenausgleich, ist aufzuzählen. Diese sozialpolitischen Forderungen wurden mit gemeinsamer Kraft in dem Dachverband Bund der Vertriebenen,

8

(BdV) in dem 28 Landsmannschaften zusammenge-
schlossen waren, in zähen Kämpfen durchgesetzt.

Von den Aufgaben, die in den 104 Paragraphen des
Bundesvertriebenengesetzes festgelegt sind, ist im
Wesentlichen noch der Paragraph 96 aktuell geblieben, der Bund und Länder verpflichtet, die Kultur Ost-
deutschlands zu pflegen, zu fördern und weiter-
zuentwickeln, sie im Bewußtsein der Vertriebenen,
Flüchtlinge, des deutschen Volkes und des Auslandes
wach zu halten. Die Landsmannschaften werden sehr
achtsam sein müssen, daß dieser Paragraph nicht
gestrichen wird, wie dies schon mehrfach Gruppen im
Bundestag versucht haben.

In dem Dokumentarband "Die Vertriebenen in Westdeutschland" aus jener ersten Zeit nach dem Krieg
heißt es:

„Die Landsmannschaft Berlin - Mark Brandenburg
umfaßt Deutsche aus den Gebieten jenseits und diesseits der Oder und aus beiden Teilen von Groß - Berlin. Der Ruf zur Sammlung erging aus Schleswig -
Holstein, wo ebenso wie in Niedersachsen ein großer
Teil der rund 153 000 aus Ostbrandenburg vertriebenen Deutschen wohnte. In der Anfangzeit entstanden
örtliche Zusammenschlüsse, die auch die Berliner ein-
bezogen, so daß es auch in der Gesamtlandsmann-
schaft bei dieser Zusammenfassung blieb. Es machte
sich außerdem bemerkbar, daß den Brandenburgern
ein starkes provinzielles Bewußtsein fehlt, weil sie keine eigentliche Provinzhauptstadt besaßen und immer
mehr in den Schatten der Weltstadt Berlin gerieten, die

nicht mehr den Charakter des sie umgebenden Landes trug."

Die Landsmannschaft hat, wie aus der Schrift „Geschichte der Vertriebenen in Berlin" hervorgeht, organisatorisch in Westberlin begonnen. Denn, so heißt es, „schon im August 1945 fanden sich Landsleute in kleinen Gruppen von sechs bis 12 Personen sonntags in irgendeinem Lokal zusammen.

Die Brandenburger trafen sich schon als das noch verboten war

Der Autor erinnert sich, wie man sich in Westberlin, im Restaurant am Bahnhof Zoo, schon bald nach dem Krieg traf, und, wenn durch die Reihen geflüstert wurde, englische Militärpolizei komme, jedes Blatt Papier von den Tischen verschwand und alle nur noch gemütlich Kaffee tranken, denn Zusammenkünfte der Heimatvertriebenen waren von den Alliierten Besatzungsmächten noch verboten.

Die Zahl der Zusammenkünfte und die Zahl der Teilnehmer wuchs ständig, auch im Westen Deutschlands. „Schon 1946 im Sommer traten ganze Kreise an die Öffentlichkeit, der Ruf nach Zusammenschluß in einer einheitlichen Organisation erklang und wurde immer stärker."

Offiziell wurde die Landsmannschaft in Hamburg am 9.10. 1949 gegründet. Treibende Kraft war der Bankbeamte Karl – Heinz Kaiser, der in Kiel lebte.

In Berlin, wo man sich schon seit 1946 unter Leitung von Rechtsanwalt Hafenrichter, aus Drossen, Neumark, traf fand sich bald ein kleiner Kreis von Landsleuten zusammen, die sich ernstlich mit der Frage der Gründung einer Landsmannschaft befaßten. Werner Bader war dabei. Wenige Tage nach der Gründung in Hamburg fand am 14.11.1949 dann durch etwa 600 Landsleute aus allen Kreisen in „Kliems Festsälen" in Neukölln die Gründungsversammlung statt. Dr. Hafenrichter wurde zum Vorsitzenden gewählt. Die erste Heimatzeitung erschien im Juli 1950.

Im September 1951 zogen alle zusammen für mehrere Jahre in das „Haus der ostdeutschen Heimat" am Kaiserdamm in Charlottenburg. Später bezogen die Brandenburger mit den ebenfalls gebildeten anderen ostdeutschen Landsmannschaften, das Haus Stresemannstr. 30. Der damalige Bundesminister für gesamtdeutsche Fragen, Jakob Kaiser (CDU), hat wesentliche Hilfe geleistet. Die heimatvertriebene brandenburgische Jugend war seit dem 15. November 1950 ebenfalls organisatorisch zusammengefaßt, sie schloß sich am 1. März 1951 der DJO (Deutsche Jugend des Ostens) an. Seit Juni 1951 wurde die Landsmannschaft in Berlin von den Landsleuten Rechtsanwalt Gustav Wilde als 1. Vorsitzenden und Bürgermeister a. D. Heinrich Gutsche, als 2. Vorsitzenden geführt.

Der Ruf zur überregionalen Sammlung war aus Schleswig – Holstein ausgegangen, wo ebenso wie in Niedersachsen, ein großer Teil der rund 153000 aus Brandenburg vertriebenen Deutschen lebte.

Die Landsmannschaft Berlin – Mark Brandenburg hatte bald in allen Bundesländern Landesverbände gebildet; die größten gab es in Berlin, in Nordrhein – Westfalen und in Schleswig - Holstein. Von dorther, aus dem Norden, kam auch das erste Landsmannschafts - Informationsblatt, das über Notwendiges, die Gesetzgebung und Kulturelles berichtete.

Noch vor der ordentlichen Gründung ging bereits ein Protesttelegramm an den Bundespräsidenten, den Bundeskanzler, den Bundesratspräsidenten, den Ältestenrat des Bundestages und Bundesrates, an die Bischöfe Dibelius, Wurm, Erzbischof Kardinal Frings und dem päpstlichen Visitator Münch.

Was war der Anlaß? Der Flüchtlingsausschuß des Wirtschaftsrates hatte dem Bundestag die Definition des Begriffes „Heimatvertriebener" zur Annahme vorgelegt, wonach Flüchtlinge aus dem Gebiet westlich der Oder und Neiße nicht als Heimatvertriebene gelten. In dem Protesttelegramm wurde Gleichstellung gefordert: „Primitivstes Menschenrecht und christliche Nächstenliebe verlangen sofortige Aufnahme und gesetzliche Unterstützung" hieß es.

In dem Text des Kommentars wurde festgestellt: „In den vergangenen Monaten war es die Praxis, die vom Terror über die Zonengrenze gepeitschten Menschen wieder zurückzujagen und ihrem Schicksal zu überantworten. Herzloser konnte keine deutsche Stelle handeln, aber Empfindungen für den Mitmenschen sind außer Gebrauch."

Keine Stelle sei bisher für die Rechte der Westbrandenburger, Berliner und anderen Landsleute aus der Ostzone eingetreten.

In der Tat:, es ist kaum zu glauben, und es ist in Vergessenheit geraten, auch die westlichen Besatzungsmächte schickten zunächst politische Flüchtlinge über die Zonengrenze nach Osten, in die Sowjetische Besatzungszone, zurück, von wo sie aus Gefahr für Leib und Leben eben geflohen waren. In der Sowjetischen Besatzungszone wurden bis etwa 1951 von den Sowjets verhaftete Deutsche noch nach Workuta in Sibirien verfrachtet. Viele von ihnen kamen nie mehr wieder. Danach war das größte Zuchthaus in der DDR für angeblich politisch Verhaftete in Bautzen, aber auch in Waldheim, Cottbus, Brandenburg gab es große Haftanstalten. Dieses unmenschliche Verhalten gegenüber den besiegten Deutschen änderten die Westmächte schließlich, sie gewährten dann Flüchtlingen Schutz.

Die Landsmannschaft horizontal und vertikal organisiert

Die Landsmannschaft Berlin – Mark Brandenburg hat sich, wie die anderen Landsmannschaften auch, vertikal und horizontal organisiert. Das bedeutet, in jedem Bundesland wurde ein Landesverband gegründet, in dem alle Berlin – Brandenburger, die dort lebten, Mitglied werden konnten. Schon zuvor hatten sich die Heimatkreise gebildet. Dies bedeutete, alle vertriebenen Brandenburger aus einem historischen brandenburgischen Kreis fanden sich dort zusammen, gleich in welchem Bundesland sie lebten.

In den Landesverbänden war der Einzelne, aus welchem Heimatkreis er auch stammte, unmittelbar Mitglied mit einem Mitgliedsbeitrag. Die Heimatkreise gehörten als Organisationen zur Landsmannschaft, das bedeutete, die Vertriebenen aus den jeweiligen Regionen gehörten einfach dazu. Die Heimatkreise gaben der Landsmannschaft nach eigenem Gusto eine Spende oder nicht. Die personelle Stärke wurde nach der Zahl der „betreuten" Landsleute berechnet, die man in einer Kartei erfaßt hatte. Der Vorsitzende der sogenannten Arbeitsgemeinschaft der Heimakreisbetreuer gehörte dem Landsmannschafts – Bundesvorstand an.

In den Landesverbänden wurde der Vorstand nach den Bestimmungen der Satzung von den Delegierten auf einer Delegiertenversammlung gewählt, in den Heimatkreisen wählten die bei den Heimatkreistreffen jeweils Anwesenden den Vorstand. Die in den Delegiertentagungen der Landesverbände ebenfalls gewählten Delegierten waren für die Bundesversammlung stimmberechtigt. Die Heimatkreise entsandten ihre Delegierten zur Bundesversammlung, die oft vom Vorstand bestimmt worden waren. Dabei gab es eine Merkwürdigkeit, eine Möglichkeit zur Manipulation. Die Heimatkreise hatten die Möglichkeit, den durch Beschluß der Bundesversammlung erst nach vielen Jahren festgelegten Jahresbeitrag pro Delegierten nach eigenem Ermessen zu zahlen. Wenn sie wollten, konnten sie durch höhere Zahlungen mehr Delegierte erwerben und so ihren Einfluß bei Abstim-

14

mungen erhöhen. Also ein Verfahren, das demokratisch anfechtbar war, denn sie brauchten niemals nachzuweisen, wieviel Vertriebene sie vertraten. Eine regelrechte Mitgliedschaft gab es in den Heimatkreisen nicht. Sie rechneten mit den von ihnen „betreuten" Landsleuten, also denen, die sie in ihren Karteien erfaßt hatten.

Die Heimatkreisbetreuer fühlten sich meistens wie „Landräte im Exil." Ihre ehrenamtliche Arbeit war in der Regel bewundernswert. Sie führten Karteien mit Tausenden von Namen und wußten über ihre Landsleute oft mehr, als die jeweils zuständigen Einwohnermeldeämter. Sie kannten die familiären Einzelschicksale. Umgekehrt war die Heimattreue der „betreuten Landsleute" eindrucksvoll. Mit ihren Spenden ermöglichten sie die Arbeit der Heimatkreise, die auch eine kleine Zeitung drucken konnten.

Die Landesverbände schmolzen als erste, noch vor den Heimatkreisen. Die Auflösungen begannen schon lange vor der Wende zuerst im Saarland. In das Saarland hatte es die wenigsten vertriebenen Brandenburger verschlagen, also gab es dort den kleinsten Landesverband, der sich als erster mangels Mitglieder auflöste. Bremen, ebenfalls ein kleiner Landesverband, folgte bald. In den Achtziger Jahren dann der Drittkleinste: Hessen. 1993, nach der Wende, folgte der Landesverband Bayern, der nur noch wenige Mitglieder hatte. Schließlich löste sich auch Nordrhein – Westfalen auf. Es blieben übrig der Landesverband Berlin, als der größte, gefolgt von kleinen Landesverbänden in Schleswig – Holstein, Hamburg und Niedersachsen, die nur noch kleine Gruppen unter 100 Mitgliedern zählen. Sie werden nicht mehr lange lebensfähig sein.

Die Mitglieder in den Heimatkreisen, in denen man sich aus der Heimat kannte, hatten engere Bindungen und blieben sehr viel länger lebensfähig. Sie erlebten allerdings nach der Wende ein Phänomen. Trotz der während der Spaltung Deutschlands so oft beschworenen Heimatliebe schmolzen die westbrandenburgischen Heimatkreise wie Schnee in der Sonne. Die westbrandenburgischen Heimatkreise verschwanden nach der Wiedervereinigung buchstäblich wie vom Winde verweht, manche haben sich nicht einmal ordentlich aufgelöst. Am längsten nach der Wiedervereinigung lebten die Heimatkreise Lebus, Prenzlau, Templin, und Ruppin. Ruppin, unter dem Vorsitz von Dr. Hannemarie Condereit, löste sich als letzter Heimatkreis westlich der Oder auf, nachdem noch mehrere Heimattreffen in Neuruppin selbst veranstaltet worden waren.

Die Repräsentanten der Heimatkreise wurden nach der Wende in ihrer Heimat zunächst mit Neugier aber auch mit großen Erwartungen in den Rathäusern empfangen. Aber die Hoffnungen der Stadtoberen auf Hilfe wurden enttäuscht. Heimattreffen der Westdeutschen in der eigenen Heimat fanden immer weniger Interesse, man konnte ja jetzt jederzeit nach Hause fahren. Die Solidarität der politischen Flüchtlinge, organisiert in den westbrandenburgischen Heimatkreisen, oft beschworen, hatte sich schnell verflüchtigt, ebenso wie die Solidarität dieser Brandenburger mit ihren Brandenburger Heimatvertriebenen von ostwärts der Oder.

Die Heimatzeitungen der Landsmannschaft

Die Heimatvertriebenen haben in der Bundesrepublik eine umfangreiche Presse entwickelt. Sie blieb allerdings für die öffentliche Meinungsbildung von geringer, ja eigentlich völlig ohne Bedeutung.

Nach Darstellung des einzigen „Jahrbuches der Vertriebenenpresse", das je erschienen ist, gab es 327 Zeitungen und periodische Blätter. Die größte Zeitung war das „Ostpeußenblatt" mit einer wöchentlichen Auflage von 126 000 Exemplaren. Es folgte die „Pommersche Zeitung" mit rund 70 000 Auflage. Aber dann muß man schon über die Dörfer gehen. Es folgen die „Sudetendeutsche Zeitung" mit 45 000, „Der Schlesier" mit 35.000. Dann sinkt es steil ab. Der „Westpreuße" hatte etwa 20 000 und die „Märkische Zeitung" in Berlin 15.000 Exemplare, zuerst vierzehntägig, bald aber nur mit monatlichem Erscheinen. Die vielen Hunderte von Blättchen und periodischen Blätter lagen alle bestenfalls zwischen 1000 und 5000 Exemplaren.

Je kleine die Auflage, desto provinzieller, vereinsmäßiger waren sie gemacht. Ihr Blickwinkel reicht knapp bis zur Spitze des eigenen Kirchturms, der bestenfalls ein bisschen vergoldet ist, weil man ihn ja in der Realität nicht mehr sehen kann. Man kann sich keinen Redakteur leisten. Rentner aller Berufe machen sie, oft ehrenamtlich.

Ein besonderes Kapitel: Die „Märkische Zeitung"

Zwei Blätter wollten die gesamte Landsmannschaft Berlin – Mark Brandenburg repräsentieren, der „Berlin – Brandenburg – Kurier", der in Celle erschien, gedruckt bei Pohl und die „Märkische Zeitung" in Westberlin. Dieses Blatt begann unter dem Titel „Ostbrandenburg Neumark." Ich habe solange gegen diese eingrenzende Bezeichnung gewirkt, bis das Blatt unter dem Titel „Märkische Zeitung" erschien. Den Titel hatte vor dem Krieg ein alteingesessenes Regionalblatt in Neuruppin geführt. Die geflüchteten Besitzer erlaubten, daß der Berliner Landesverband diesen Titel bis zur Wiedervereinigung Deutschlands benutzen dürfe.

Der Bezug dieser Zeitung war mit dem Beitrag gekoppelt. – deshalb wurde es von den meisten Vertriebenen Brandenburgern in der gespaltenen Hauptstadt gelesen, aber auch von vielen in Westdeutschland. Damit war der Berliner Landesverband finanziell am besten ausgestattet. Er konnte in der Landsmannschaft oft mit Geld locken und spielte, auch durch seinen aktiven Vorsitzenden, Gustav Wilde, zugleich Stellvertretender Bundessprecher, eine wichtige Rolle.

Als ich in einer Periode Pressereferent im neuen „Haus der Heimat" in Berlin am Kaiserdamm war, habe ich das Blatt geleitet und mitgestaltet. Die Namensänderung von „Ostbrandenburg – Neumark" zu „Märkische Zeitung" habe ich vorgeschlagen. Festangestellter Redakteur war Horst Tschapke.

Die Koppelung des Zeitungsbezugs mit dem Beitrag brachte eine hohe Auflage: 15000 zweimal im Monat.

In der Überzeugung, daß die Landsmannschaft ein leistungsfähiges Blatt haben müßte, das auch von der Öffentlichkeit zur Kenntnis genommen werden würde, plädierte ich dafür, die „Märkische Zeitung" zum Bundesorgan der Landsmannschaft zu erklären und im ganzen Land, in allen Landesverbänden und Heimatkreisen Leser zu werben.

Der erste Schritt gelang. Die Delegierten beschlossen, die Märkische Zeitung dürfe sich als Bundesorgan bezeichnen. Der zweite Schritt gelang auch, dadurch den „Berlin – Brandenburg – Kurier" so zu schwächen, daß er sein Erscheinen einstellt. Das wurde nach einiger Zeit auch erreicht. Nicht erreicht wurde, den Bezug der „Märkischen Zeitung" auch in allen Landesverbänden mit dem Mitgliedsbeitrag zu koppeln und daß die Zeitungen der Heimatkreise als quasi Lokalausgaben in die „Märkische Zeitung" eingehen.

Allerdings ging meine Rechnung nicht auf. Wilde räumte nur sehr viel weniger Geld für den Bezug ein, die westdeutschen Landesverbände wurden also entscheidend benachteiligt, es lohnte sich für sie kaum noch, außerdem sollte ihr redaktioneller Einfluß stark begrenzt werden. Der Plan war gescheitert. Allein in Nordrhein – Westfalen, wo ich Landesvorsitzender war, hätte die Zeitung auf einen Schlag etwa 1500 Bezieher gewonnen.

Daß bei einem Bundesorgan die Landsmannschaft Miteigentümer werden müßte, leuchtete den Berlinern ebenfalls nicht ein. Die Forderung, die Landsmann-schaft wird zu 49 % Miteigentümer, wurde brüsk abge-lehnt, obwohl Berlin die Mehrheit behalten hätte. Auch die Bildung eines Redaktionsausschusses wurde ab-lehnt, der dafür sorgen sollte, daß sich die ganze Landsmannschaft in dem Blatt widerspiegelt. Der Plan war nach häufigen und vielen geduldigen Versuchen gescheitert. Es begannen die Auseinandersetzungen darüber, daß die „Märkische Zeitung" nicht mehr den Untertitel „Bundesorgan der Landsmannschaft Berlin – Mark Brandenburg" führen durfte.

Die Auseinandersetzungen auch über den Inhalt der Zeitung erwiesen sich als dauerhaft. Es kam der Zeit-punkt, da distanzierte sich die Delegiertentagung der Landsmannschaft von der „Märkischen Zeitung", die sich ziemlich nach rechts außen entwickelt hatte. Die-se Linie konnte die Landsmannschaft, die auf Versöh-nung aus war, nicht mehr mittragen.

Von der zwangsläufigen Entwicklung blieb auch die „Märkischen Zeitung" nicht verschont. Die Erschei-nungsweise, ursprünglich zweimal monatlich, mußte nach geraumer Zeit auf einmal monatlich zurückge-nommen werden. Die Auflage von immerhin über 15000 Exemplaren sank stetig. Bald waren es nur noch 12000, dann 10000, schließlich 8000. Es ging weiter abwärts. Niemand kennt die Auflage heute, sie dürfte maximal bei unter 1000 liegen.

Die zweite Zeitung erschien unter dem Titel „Berlin – Brandenburg – Kurier, " die nicht von einem Verband sondern von einem Privatmann, Rühmland, in Celle herausgegeben wurde.

20

Da hatte die Landsmannschaft überhaupt keinen Einfluß. Inhaltlich war es auch mehr ein Blatt für Mitteldeutschland. Es brachte sehr wenig über Ostbrandenburg. Die Zeitung ging ein.

Eine bunte Palette: Die Heimatkreisblätter

Die Landsmannschaft Berlin – Mark Brandenburg hatte aber auch eine bunte Palette von kleinen Heimatzeitungen, von den Heimatkreisen gegründet und herausgegeben.

Noch 1989 gab es - allerdings mit den zahlreichen Rundbriefen – noch insgesamt - 41 Publikationen mit einer Auflage von fast einer Viertelmillion Exemplaren, genau 211000.

Aber alle Blätter der Heimatkreise westlich der Oder wurden nach der Wende ziemlich schnell eingestellt, von Ruppin über Templin bis Frankfurt/Oder, Guben, Forst und Cottbus. Als Beispiel sei der Heimatkreis Forst genannt: Schon Ende 2000 stellt er seine Zeitung ein. Von ursprünglich 10 000 Lesern war sie auf 250 Leser geschrumpft, die aber längst nicht mehr alle ihren Beitrag zahlten. Das war das letzte Heimatblatt eines Heimatkreises westlich der Oder.

Die Einstellungen vollzogen sich rapide, denn die von den Heimatkreisen Betreuten spendeten kaum noch Geld, ihr Interesse an der Arbeit des Heimatkreises war nicht mehr vorhanden.

Aber auch die Heimatblätter für die ostbrandenburgischen Kreise nahmen ab. Im Jahr 2009 bestanden neben einer Reihe von Rundbriefen nur noch 8 Heimatzeitungen. Dies waren:

- „Heimatgruß – Rundbrief," Arnswalde
- „Crossener Heimatgrüße,"
- „Landsberger Heimatblatt,"
- „Heimatzeitung Königsberg/Neumark" (Herausgeber Goldammer - Verlag, Würzburg)
- „Heimatgruß" Meseritz (erscheint noch viermal im Jahr, etwa 1000 Exemplare)
- Heimatblatt Soldin
- „Unser Heimatkreis Schwerin", Erscheint nur noch nach Bedarf, wenige Hundert Exemplaren.
- Heimatzeitung Züllichau – Schwiebus, erscheint einmal im Jahr.

„Heimatbrief Weststernberg" wurde im März 2007 eingestellt. Das war die journalistisch und graphisch am besten gemachte Heimatzeitung der gesamten Landsmannschaft mit dem höchsten Niveau, im Vierfarbdruck. Gestaltet hat sie Karl - Heinz Schneider aus Bernau, der nach der Wende zum Heimatkreis gestoßen ist und bis dato beim Deutschen Fernsehfunk der DDR tätig war.

Im Jahr 2009 stellte erschien der „Oststernberger" noch selten.

Außer Königsberg Neumark erscheint schon seit vielen Jahren kein Blatt mehr monatlich, wie das ursprünglich der Fall war. Diese Zeitung war von einem sogenannten „131" er Beamten, dem früheren Oberamtmann, Otto Meyer, wohnhaft Braunschweig, gegründet worden. Er richtete regelrechte Abonnements ein, verdiente also gutes Geld. Dies hat er aber auch für sich persönlich genutzt. Ihm wurde nachgesagt, er hätte sein Haus ohne diese Gelder nicht bauen können. Seine Tochter verkaufte die Zeitung des Heimatkreises einfach an den Goldammer Verlag in Würzburg.

Durch den biologischen Prozeß, der nicht zu beeinflussen ist, gingen zwangsläufig die Auflagen kontinuierlich zurück. Die Totenlisten in jeder Ausgabe wurden ziemlich lang.

Um hier stützend einzugreifen veranstaltete die Landsmannschaft Tagungen der Heimatkreisredakteure. Die Redakteure, alles Laien, sollten geschult werden. Möglichkeiten zur Einsparung von Kosten wurden erörtert, der Vorschlag als Lokalausgaben in der Märkischen Zeitung kostengünstiger zu existieren und damit länger zu leben, wurde positiv besprochen aber nie verwirklicht. Die Teilnehmer stimmten sogar Resolutionen für die Realisierung solcher Vorschläge zu. Auch die Resolution, die die Verpflichtung enthielt, nicht nur lokal über den eigenen Kreis sondern über das gesamte Heimatgebiet Ostbrandenburg zu berichten, wurde angenommen. Hier eine solche verpflichtende Erklärung:

„Wer im Norden Ostbrandenburgs lebte kennt den Süden kaum. Wie sollte er auch, denn als wir vertrieben wurden, gab es noch keine Motorisierung. Wer kam schon von Landsberg an der Warthe bis nach Schwiebus und umgekehrt von Züllichau bis nach Arnswalde.

Auch deshalb ist es unerläßlich, daß wir unsere ganze Heimat ostwärts der Oder und Neiße, die Neumark, die Grenzmark und die östliche Niederlausitz kennen und helfen, vor dem Vergessen zu bewahren.

Die Heimatkreisredakteure sind sich ihrer Verantwortung für ganz Ostbrandenburg bewußt. Sie werden in jeder Ausgabe ihrer Heimatzeitung ein Blick auf das Ganze werfen und damit auch auf die Landsmannschaft Berlin – Mark Brandenburg, die für die Heimatkreise das überwölbende Dach ist und sich seit eh und je dieser Verantwortung stellt. Wir hoffen, dies ist eine Bereicherung der Heimatblätter."

Leider blieb dies Theorie.

In einem Kommentar, der allen zur Veröffentlichung angeboten wurde, schrieb ich dazu:

Zusammenarbeit aus Verantwortung für die Heimat

Von Bundessprecher Werner Bader

Die Redakteure unserer Heimatzeitungen rücken näher zusammen. Sie werden enger zusammenarbeiten und miteinander kooperieren. Die Heimatzeitungsredakteure sind sich ihrer Verantwortung nicht nur für die engere Heimat, für ihren Kreis, für die Kreisstadt und die Dörfer, sondern auch für die gesamte ostbrandenburgische Heimat bewußt.

Sie wissen: Die achthundertjährige Geschichte und Kultur unserer Heimat darf nicht in ein großes, schwarzes Loch des Vergessens fallen. In den Hei-matzeitungen bleiben diese Kenntnisse für alle Zeiten dokumentiert. Die Heimatzeitungen mit ihren Fami-liennachrichten und ihrem heimatlichen Lesestoff sind nicht nur Bindeglieder zwischen dem Heimatkreis und den vertriebenen Landsleuten sondern zugleich Zeit-dokumente. Dokumente, die Aufschluß geben über das historische, deutsche Ostbrandenburg und seine Bewohner, über die Märker und die Mark.

Deshalb ist es notwendig den Blick auch über den en-gen Heimatbezirk, über das eigene Dorf, die eigene Stadt hinausgehen zu lassen. Wir kritisieren an den Nichtvertriebenen, daß sie überhaupt nichts über un-sere Heimat wissen."

Leider blieb alles beim Alten.

Allerdings muß besonders betont werden, ein großes Verdienst haben die Laienredakteure und die Heimat-kreise mit der Herausgabe ihrer Zeitungen erworben, sie haben ihre engere Heimat umfangreich dokumen-tiert. Über die kleinsten Dörfer über die es sonst mit großer Wahrscheinlichkeit nichts mehr geben würde, finden sich Berichte in den Blättern, über Historisches, Kulturelles und über das Menschliche und die Men-schen. Die Heimatzeitungen sind ein großes, außeror-dentlich wichtiges Archiv.

Alle Heimatblätter der Landsmannschaft, die von Laien gemacht wurden, von ehemaligen Lehrern, Pastoren, Beamten; ja fast alle Berufe waren vertreten, hatten ein ähnliches redaktionelles Konzept. Sie berichteten über ihr engeres Heimatgebiet, ließen vertriebene

Landsleute aus der Heimat erzählen, brachten Informationen über die Gesetzgebung, vor allem zum Lastenausgleich, der ein Hauptthema war. Heimatliche Gedichte spielten eine große Rolle, kaum eine Ausgabe erschien ohne ein Gedicht über die Region oder die Stadt und das Dorf, aus der man stammte. Außerdem sehr viel persönliche Nachrichten. Geburtstags – und Todeslisten. Die Heimatblätter waren auch quasi ein Ersatz für die Lokalblätter in der alten Heimat.

Als eines der ersten Heimatblätter erschien der „Sternberger Kurier - Heimatzeitung für das Sternberger Land", ab Oktober/November 1951. Herausgeber war der ehemalige Revierförster in dem historischen Kunersdorf, Arthur Ohm, später Lüneburg. Der Preis für das Abonnement pro Vierteljahr einschließlich. Porto und Versand betrug 1. - DM. Gedruckt wurde das Blatt in der Buchdruckerei Kühne, Helmstedt. Dies war zugleich das politisch rechteste Blatt in der Landsmannschaft.

Ohm schreibt: "Auf vielseitigen Wunsch unserer Landsleute habe ich mich entschlossen, als Mitteilungsblatt für die Einwohner der Kreise Ost – Weststernberg eine Heimatzeitung für das Sternberger Land und zwar den „Sternberger Kurier" herauszugeben. Der Kurier bringt: „interessante Artikel aus unserer lieben Heimat, Familiennachrichten, Suchlisten sowie wichtige Bekanntmachungen und Hinweise in Vertriebenenangelegenheiten. Lastenausgleich ist das Bindeglied unserer weit verzweigten Heimatgemeinschaft und erscheint mit ständig wechselndem Titelbild aus der lieben Heimat monatlich einmal zum Preise von 1 DM, vierteljährlich einschließlich Porto und Versand. Beim einjährigen Bestehen hat das Blatt die Grenze von 1000 Lesern überschritten." Aber es folgt ein Aufruf nach Spenden, um die Zeitung zu erhalten. Dann aber wird der Preis leicht erhöht. Ohm schreibt er sei „selbst erwerbslos."

Ohms Blatt war inhaltlich sehr rechts. Ein Beispiel ist Herbert Böhme, von dem Ohm schrieb: „gehört zu den besten Dichtern des Deutschen Reiches." Der in Frankfurt (Oder) geborene Böhme wird in Meyers Lexikon 1936 als „leidenschaftlicher Verkünder der Ideale des Dritten Reiches" dargestellt. Er kommt oft mit seinen im Stile der Nazizeit gehaltenen Gedichten vor, sowie Wolfgang Federau, geboren in Danzig und Theodor Seidenfaden, geboren in Köln, beide hatten offenbar eine ähnliche politische Vergangenheit. Dies sind nur Beispiele.

Das geht bis hin zur Erklärung: „Erst nach der Wiedervereinigung des Deutschen Reiches wird am Deutschen Wesen noch einmal die Welt genesen." Dieses Blatt war in der Tat das Rechteste der Landsmannschaft. Die Zeitung gehört zu den ersten, die eingegangen sind.

Die anderen kleinen Zeitungen haben sich auf heimatliche Berichterstattung beschränkt und die große Politik draußen vor gelassen und sehr verdienstvoll gewirkt als Verbandskitt und als Archivare der ostbrandenburgischen Heimat.

Die Stiftung Brandenburg

Die Stiftung Brandenburg, die einen großen finanziellen Beitrag für die Errichtung des „Hauses Brandenburg" geleistet hat, bedarf der Erläuterung. Hier eine vereinfachte Darstellung.

In der Bundesrepublik gab es nach dem Krieg mehr als 60 Millionen Mark ohne Besitzer. Es handelte sich um Gemeindekassen, die bei Flucht und Vertreibung nach Westen mitgebracht worden waren, um westliche Konten von Firmen, einschließlich von Gütern, die einst im Osten ansässig waren, aber im Westen Konten unterhielten. Kurzum, um Geld das keinen Besitzer mehr hatte.

Nach dreißig Jahren, dem Zeitraum, in dem man auch zivilrechtlich einen Vermißten für tot erklären kann, handelte die Bundesregierung. Sie entschied, daß dieses Geld nach seinem Herkommensgebiet für die Aufgaben des Paragraphen 96 Bundesvertriebenengesetz verwendet werden sollte, also für ostdeutsche Kulturarbeit. Dazu mußte die Auflage erfüllt werden, eine Stiftung zu gründen, denn dann waren die Mittel zweckgebunden und konnten auch durch Mehrheitsbeschlüsse nicht angegriffen werden.

So entstanden die Stiftungen, gegründet von den jeweiligen Landsmannschaften. Für diejenigen Landsmannschaften, die zu spät reagierten, wurde die Stiftung Ostdeutsches Kulturwerk in Lüneburg geschaffen. Das waren die Landsmannschaften Ostpreußen, Westpreußen, Weichsel – Warthe und Berlin – Brandenburg.

28

Bundessprecher Herbert Scheffler hat durch die nachgeholte Gründung der Stiftung Brandenburg dauerhaft Geld für die Arbeit gesichert.

Dieser Stiftung stand lange Jahre Siegfried Beske aus Landsberg/Warthe vor, der mit Akribie und Ausdauer aber auch Sachkunde arbeitete, Pläne prüfte und zur Genehmigung vorbereitete. Aber auch fachkundig beim Kauf von ostbrandenburgischer Literatur für die Bibliothek der Stiftung wirkte. Ich wurde Vorsitzender des Kuratoriums der Stiftung Brandenburg.

Die Stiftung hat verdienstvoll gewirkt. Sie hat unter anderem das Erscheinen von rund 75 Büchern der Heimatkreise durch ihre finanzielle Hilfe möglich gemacht.

Die Heimatkreise stellten die Anträge und verantworteten die Herstellung, also die Manuskripte, Druck und Vertrieb. So entstand eine eindrucksvolle Reihe von Dokumentationen, oft interessante Bildbände mit seltenen Dorfbildern, die es ohne die Hilfe der Stiftung nicht gegeben hätte, die für die Bewahrung der Historie und der Erinnerung an die deutsche Geschichte und Kultur ostwärts der Oder und Neiße von unschätzbarem Wert sind.

Von der Stiftung habe ich über 200000 Mark aus dem Stiftungsfond für das „Haus Brandenburg" heranschaffen können. Später, nach meinem Rücktritt, wurde der Stiftung das „Haus Brandenburg" eingegliedert. Ich hatte die Schaffung einer eigenen Stiftung „Haus Brandenburg" vorgeschlagen.

Das Bundessozialwerk

Das „Sozialwerk Mark Brandenburg", unter dem lang-
jährigen Vorsitz von Günter Kirbach, hat segensreich
gewirkt. Als Stellvertreterin wirkte die Heimatkreisbetreuerin von Züllichau – Schwiebus, Ruth Schulz.

Das Sozialwerk verwaltete die 37 Sozialwohnungen in
Hechingen, die der Vorgänger Richard Hingst gebaut
hat. Auch er mußte innerhalb der Landsmannschaft
große Zurückhaltung überwinden, ehe seine Vision
verwirklicht werden konnte.

Dort hätten alte Brandenburger billige Wohnungen
erwerben können, mit einem zauberhaften Blick auf
die Burg Hohenzollern. Als es galt, das „Haus Brandenburg" in Fürstenwalde zu finanzieren, haben wir
das Sozialwerk in Hechingen aufgelöst, weil nach der
Satzung dann das Vermögen an die Landsmannschaft
fallen mußte. Ich hatte diesen Passus entdeckt und
mußte die Mitglieder überzeugen, daß dies notwendig
ist. Der Beschluß wurde in Hechingen gefaßt. Ich löste
große Überraschung mit dem Vorschlag aus, gleich
das Bundessozialwerk neu zu gründen. Jetzt mit dem
Sitz in Frankfurt(Oder). Auch dies gelang.

Bei dem Verkauf der Wohnungen, hat sich Günter Kirbach große Verdienste erworben. Mit dem Erlös konnte im Wesentlichen das Haus Brandenburg errichtet
werden. Es kamen 1,2 Millionen D - Mark zusammen,
die in das Haus flossen. Das waren rund 2/3 der Kosten.

Beispiele der erfolgreichen Arbeit sind eindrucksvoll. Das Bundessozialwerk hat an über 60 Familien Deutschstämmiger, vor allem in den Kreisen Arnswalde und Schwerin, jeweils 100 DM bar ausbezahlt. Damit kamen rund 6.000 DM in dieser Aktion zur Verteilung. In Dankesbriefen hieß es: „Wir haben 15 Zentner Kohle dafür gekauft." - „Möge es Ihnen der liebe Gott vergelten." - „Es war eine große Hilfe - für einige Landsleute sogar eine ganze polnische Monatsrente." Das Sozialwerk hat mit Kleiderspenden und kostenlosen Medikamenten geholfen.

Das erste Brandenburger Bundestreffen 1950

Das erste Bundstreffen von Brandenburgern und Berlinern der Landsmannschaft fand 1950 in Celle statt. Im folgenden Jahr wurde am 19./20. Mai 1951 das große Bundestreffen in Lüneburg veranstaltet, das dann jährlich zumeist im norddeutschen Raum wiederholt wurde.

In einem ersten Werbezettel 1950 hieß es: „Die Treue und Pflichterfüllung haben einst Brandenburg groß und stark gemacht, Fleiß und Ausdauer haben aus einem unwirtlichen Gebiet an Elbe und Oder einen blühenden Garten werden lassen, in denen herrliche Bau - und Kunstwerke einen bleibenden Standort fanden. Die Heimat, wie wir sie in ihrer ganzen Schönheit in Erinnerung haben, atmet den Geist unserer Vorfahren. So ist es nicht verwunderlich, wenn wir nach dem harten Schicksal der Vertreibung oder Flucht die Erinnerung an sie nicht aufgeben und die Verbindung zu ihr aufrechterhalten. Wir bleiben Brandenburger, wie es unsere Väter waren in guten und in schlechten Zeiten:"

Zum Ersten Bundes – und Heimatkreistreffen Treffen der Landsmannschaft versammelten sich die Aktivisten am vom 5.9. bis 7.9. 1952 in Mölln /Lauenburg. Die Tagung stand unter Vorsitz des Bundessprechers, Reichsminister a. D. Dr. Walter von Keudell, der 1950 zum Vorsitzenden gewählt worden war. Von Keudell ist auch Mitunterzeichner der „Charta der Vertriebenen."

In seinem Grußwort heißt es: „Aus Sparsamkeitsgründen beabsichtigte der Vorstand auf ein besonderes Bundestreffen in diesem Jahr zu verzichten und sich auf den satzungsgemäßen Delegiertentag zu beschränken. Das Steigen der Not in der Zone in jüngster Zeit zwingt uns aber gerade die Stimme zu erheben. Wir grüßen die Brüder und Schwestern jenseits des Eisernen Vorhanges. Unsere vornehmste Pflicht bleibt, durch Haltung und Leistung der Jugend, ganz Deutschland, der gesamten freiheitsliebenden Welt das Bewußtsein und die Überzeugung wachzurufen und zu erhalten, daß die Wiedervereinigung unserer Heimat nicht unser persönliches Anliegen, sondern Teil und Voraussetzung bedeutet für Freiheit und Einheit der Menschheit in Europa wie in der Welt. Hie gut Brandenburg allwege."

Der Bürgervorsteher der Stadt, Jeckstadt – Borchert, schloß sein Grußwort mit den Worten: „Es lebe ein freies Berlin, ein freies Brandenburg im freien gesamtdeutschen Vaterland."

32

Der Redakteur der Crossener Heimatzeitung, Karl Wein, schrieb: "Wir werden ein feierliches Gelübde zu erneuern und zu bekräftigen haben: „daß wir die Oder – Neiße – Linie des Unfriedens und ebenso die Spaltung der schwer heimgesuchten deutschen Hauptstadt niemals anerkennen werden."

Aus Holstein kamen 36 Delegierte, aus Niedersachsen 42, Nordrhein – Westfalen 18, Hamburg 4, und Bremen 4. Walter von Keudell wurde wiedergewählt und blieb an der Spitze bis 1958. Die Mitglieder der Heimatkreise trafen sich in einer Reihe von Lokalen. Wie immer wurde das Bundestreffen mit dem gemeinsamen Gesang „Märkische Heide" und dem „Deutschlandlied" beschlossen.

Ein nächstes großes Bundestreffen in Braunschweig gab es vom 3. – 7.5.1953. Die Landsmannschaft hatte damals bereits neun Landesverbände mit zahlreichen Kreis – und Ortsverbänden sowie 34 Heimatkreise.

Die Geschäftsstelle der Landsmannschaft befand sich anfangs in Lüneburg, von 1952 - 1957 in Bonn und dann lange Jahre in Kiel, bevor sie nach Stuttgart in die Hauptstadt des Patenlandes Baden – Württemberg verlegt wurde.

An der Spitze der Landsmannschaft stand in den ersten Jahren - wie dargestellt - der ehemalige Reichsminister Walter von Keudell, ein märkisch – preußischer Edelmann, der sein Gut in Hohen - Lübbichow, in der Nähe von Königsberg in der Neumark, verloren hatte. Ein Mann, der zum ersten deutschen Nachkriegskanzler, Konrad Adenauer, Zugang hatte. Wer wollte diesem verdienten Demokraten, der in den Zwanziger Jahren in der Weimarer Republik Reichsinnenminister war und niemals Nazi wurde, denn auch ein Gespräch verwehren? Er legte namentlich in Fragen des Vertriebenenrechts eine starke Aktivität an den Tag.

Von 1953 - 1958 bekleidete von Keudell zugleich das Amt eines Vorsitzenden der „Vereinigten Landsmannschaften Mitteldeutschlands" (VLM). Obgleich diese Organisation in einer gewissen Konkurrenz zum „Gesamtverband der Sowjetzonenflüchtlinge" stand, gewann die Landsmannschaft Berlin - Mark Brandenburg, die ja selber Vertriebene und Flüchtlinge aus der sowjetischen Besatzungszone zusammenfaßte, durch die Personalunion mit den VLM ein verstärktes Gewicht.

Zum Tode des ehemaligen Reichsministers sendete die Deutsche Welle rund um die Welt einen Kommentar, der hier im Wortlaut wiedergegeben ist:

Reichsminister von Keudell, der soziale Edelmann

Von Werner Bader

Die Biographie von Walter von Keudell zu lesen, heißt zugleich, durch acht Jahrzehnte glanzvoller und tragischer deutscher Geschichte zu streifen.1890, im Jahr von Bismarcks Entlassung, wurde er, dessen Vater einer der Berater des „Eisernen Kanzlers" war, ABC – Schütze. Die „gute alte Zeit", das erste Jahrzehnt des neuen Jahrhunderts, erlebte er als Student. Der erste Weltkrieg sah ihn als Rittmeister der Königsberger Kürassiere vor allem im ostpreußischen Bewegungskrieg. Es folgten die Jahre als Landrat in Königsberg/Neumark, (vom 1. Januar 1916 bis zum 30. Juni 1920) dem Kreis, in dem sein Gut Hohen Lübbichow lag.)

Die preußischen Tugenden der selbstverständlichen Pflichterfüllung und des Dienens an der Allgemeinheit zeichneten den Lebensweg dieses preußischen Beamten, Offiziers und Landedelmannes aus.

Das Elternhaus mit seinem Vater Robert, dem Bismarck – Berater, prägte ihn. Geboren wurde Walter von Keudell im italienischen Castellamare. Sein Vater war damals Botschafter des Reiches in Italien.

Seine Mutter Alexandra war aus altem Adel, Tochter des Herzogs Ernst von Württemberg und seiner Frau Baronin Natalie von Grünhof. Geboren am 10. 8. 1861

Sie hatte eine Ausbildung als Krankenschwester absolviert um im Ersten Weltkrieg in Lazaretten in Ostpreußen tätig sein zu können. Später schuf sie im Kreis Königsberg/Neumark während der Inflation und der Arbeitslosigkeit viele soziale Verbesserungen. Sie sorgte für Kindergärten, für Badekuren gefährdeter Kinder, organisierte Lehrgänge für Krankenpflegerinnen und Kochkurse für junge Mädchen. Sie richtete in Hagershorst bei Zehden, einem Vorwerk ihres Gutes, ein Müttergenesungswerk ein. In vielen Orten gründete sie die Evangelische Frauenhilfe, war lange Zeit Vorsitzende des Kreisverbandes und zeitweise Vorsitzende des Provinzialverbandes Brandenburg. Sie starb am 13. April 1933, 72 jährig.

Hier, in der „Streusandbüchse des Heiligen Römischen Reiches deutscher Nation," in der Mark Brandenburg, bewirtschaftete von Keudell nach Schulbesuch in Berlin und dem Gymnasium in Königsberg, dem juristischen Studium und einer landwirtschaftlichen Berufsausbildung das vom Vater 1912 übernommene Gut Hohen Lübbichow vorbildlich.

Von Keudell hatte sich gründliche landwirtschaftliche und forstwirtschaftliche Kenntnisse erworben. Selbst in der Verwaltung in Frankfurt(Oder) war er tätig. Der fachlich so ausgewiesene wird 1933 zum Generalforstmeister der Reichsregierung berufen, ein Amt, das er bis 1937 inne hat. Aber schon vorher war an den Oderhängen sein Waldgebiet als das „von Keudell'sche Naturschutzgebiet Bellinchen a. d. Oder" ausgewiesen worden. Und er hatte das Amt des Deichhauptmannes in Frankfurt, - er war am 4.9.1918 gewählt worden - schon hinter sich, denn es endete am 1. November 1923.

Von Keudell entwickelte neue Wege in der Waldbewirtschaftung. „In Würdigung des so hervorragend auf die standortlichen und betriebswirtschaftlichen Gegebenheiten von Hohen Lübbichow abgestimmten forstlichen Meliorationsverfahren" verlieh ihm die forstliche Hochschule Eberswalde 1923 die Ehrendoktorwürde. Einen zweiten akademischen Grad verleiht ihm die Theologische Fakultät der Universität Greifswald 1930 mit der Würde eines Dr. h.c.

Auch nach der Revolution von 1918 blieb von Keudell seiner konservativen Haltung treu. Es überrascht sicher nicht, ihn in den Reihen der Deutsch – Nationalen

–Volkspartei wiederzufinden. 1924 wurde er in den Reichstag gewählt.

In den turbulenten Jahren der ersten Deutschen Republik, in denen Kabinettswechsel häufig stattfanden, war von Keudell von 1927 – 1928 Reichsinnenminister. Seit damals haßten ihn die Kommunisten unerbittlich, denn er verfügte das Verbot des „Rot – Frontkämpferbundes", der linksradikalen Parteitruppe der Kommunisten, die neben dem Pendant auf der radikalen Rechten, der SA Hitlers, zu den Totengräbern der Weimarer Republik gehörte.

Für Walter von Keudell schloß konservative Haltung nationalistische stets aus, deshalb war sein Austritt aus der Deutsch – Nationalen Volkspartei nur konsequent, als sie sich durch Hugenbergs scharf nationalsozialistischen Kurs von einer Koalitionspartei zu einer Oppositionspartei mauserte. Es ehrt ihn, daß er rückschauend den Entschluß, sich nach dem Bruch mit Hugenberg und einem Intermezzo bei der gemäßigten Landvolkpartei aus dem politischen Leben zurückzuziehen, für falsch hält. Es hätten, so sagt er, keine demokratische Position geräumt werden dürfen.

An Mut hat es dem früheren Reichsminister nie gefehlt. Er lieferte dafür im Frühjahr 1945 wieder ein bemerkenswertes Beispiel. Nach einer scharfen Auseinandersetzung mit dem SS - Führer Otto Skorzeny und in klarer Erkenntnis, daß die Russen nach Deutschland durchbrechen würden, bereitete er gegen andere Befehle für die Bevölkerung seiner Heimat einen Treck vor. Mit 5000 Menschen führte er ihn über die vereiste Oder nach Westen.

Nach dem Krieg setzte er sich sehr bald unermüdlich für die Vertriebenen, Flüchtlinge und Entwurzelten ein. Er wurde in seiner Partei, der CDU, Vorsitzender des Vertriebenenausschusses und in seiner Landsmannschaft, Berlin – Mark Brandenburg wurde er Vorsitzender von 1949 bis 1957. Vorsitzender der Vereinigten Landsmannschaften Mitteldeutschlands (VLM) war er von 1953 – 1958. Er verdiente sich die ehrenvolle und anerkennende Bezeichnung „sozialer Edelmann."

Mit seinem Renommee hatte von Keudell auch Zugang zum ersten deutschen Bundeskanzler, Konrad Adenauer, der auch mit seinen Parteifreunden längst nicht immer fein oder fair umging. Den aufrechten Preußen und mutigen Reichsminister a. D., Walter von Keudell, konnte er nicht so behandeln. Der ließ sich auch nicht behandeln. So kam es, daß Keudell unmittelbaren Zugang zum „Alten" hatte und manche Verbesserung für die Flüchtlings – und Vertriebenengesetzgebung erreichen konnte. Vor allem in Fragen des Vertriebenenrechts hat er starke Aktivität entwickelt.

An Ehrungen hat es auch nach dem Zweiten Weltkrieg nicht gefehlt. Er wurde mit dem Großen Bundesverdienstkreuz mit Stern und Schulterband ausgezeichnet.

Am 7.5. 1973 ist Walter von Keudell, einer der letzten Konservativen Bismarckscher Schule, 89 jährig verstorben.

Von Keudell zu Kiekebusch

Als die Landsmannschaft – sehr schnell - in allen Bundesländern Landesverbände hatte und die „zweite Säule" der Landsmannschaft, die Heimatkreise stark waren, stand also der prominente Reichsminister a. D. Walter von Keudell an der Spitze. Später trat sein Stellvertreter, der schleswig - holsteinische Landtagsabgeordnete Dr. Heinz Kiekebusch, die Nachfolge Keudells als Bundessprecher an.

Kiekebusch blieb lange Jahre unangefochten Bundessprecher. Sein Vater war ein verdienstvoller Forscher beim Märkischen Museum in Berlin und er selbst saß für den BHE (Bund der Heimatvertriebenen und Entrechteten) im schleswig – holsteinischen Landtag. Später trat er der CDU bei. Kiekebusch hat mit langem Atem und großer Geduld - manchmal zu langer Geduld - die Landsmannschaft geführt. Sein Bundesgeschäftsführer war Eberhard Wildhagen, ein aktiver, aufrechter Mann, ein Major der Luftwaffe, der manchmal Erstaunliches aus seiner Zeit zu erzählen wußte, als er als Kommandant von „Karinhall," dem Sitz Hermann Görings, abkommandiert war und mit Görings zweiter Frau, Emmi Sonnemann, die als „Hohe Frau" angeredet werden mußte, häufig zu tun hatte. Der Lauterkeit dieser erfahrenen Männer blieb die Führung der Landsmannschaft lange Jahre anvertraut. Sie haben auch die Patenschaft des Landes Baden – Württemberg über die Landsmannschaft erreicht.

Ihre über ein Jahrzehnt dauernde Amtszeit wurde erst übertroffen von Bundessprecher Werner Bader, der das Amt des Bundessprechers von 1985 bis 1999 innehatte und immer wieder mit großer Mehrheit wiedergewählt worden war. Er war der Bundessprecher mit der längsten Amtszeit in der Geschichte der Landsmannschaft: 14 ½ Jahre. Bader führte die Landsmannschaft nach der Wiedervereinigung in eine neue Aera. Und über die Oder bis in die alte Heimat. Zuvor war er zehn Jahre lang Stellvertretender Bundessprecher, davor Bundespressereferent.

Bundessprecher Heinz Kiekebusch und der damalige Stellvertretende Bundessprecher Werner Bader arbeiteten eng zusammen bei der Schaffung eines Einheitsverbandes der Mitteldeutschen, des „Bundes der Mitteldeutschen." Er wurde aus zwei Flüchtlingsverbänden, aus den „Vereinigten Landsmannschaften Mitteldeutschlands" (VLM) und dem „Gesamtverband der Sowjetzonenflüchtlinge" (GSF) gebildet. Beide gelten als Väter des BMD. Bader war Vorsitzender der gebildeten Einigungskommission, die eine schwierige Aufgabe zu lösen hatte. Es galt die verfeindeten Verbandsbrüder zusammenzuführen. Er hat den Namen des neuen Bundes vorgeschlagen: Bund der Mitteldeutschen, (BMD).

Beide waren auch Vizepräsidenten dieses neuen Einheitsverbandes. Heinz Kiekebusch bis zu seinem frühen Tode, 1971, Werner Bader bis fast zur Wiedervereinigung. Er konnte noch seinen wesentlichen Beitrag leisten zur ehrenvollen Auflösung des BMD - wenigstens in Nordrhein – Westfalen; dort war er Vorsitzender. Der BMD hatte seine Aufgaben erfüllt, als die Einheit, für die man jahrelang wirkte, erreicht worden war.

Die Geschichte des Bundes der Mitteldeutschen, seine Probleme, seine Erfolge, hat Werner Bader in seinem Buch „Geborgter Glanz" dargestellt, mit dem Untertitel: „Flüchtlinge im eigenen Land. Organisationen und ihr Selbstverständnis."

Aktive Zusammenarbeit Kiekebusch - Bader

Eine der großen und wichtigen Bundesdelegiertentagungen der Landsmannschaft fand 1962 in Celle statt. Es nahmen alle Landesverbände der Bundesrepublik und 35 Heimatkreise teil. Dies ist eine Rekordbeteiligung, die nie mehr erreicht wurde. Dort wurde im großen Kreis die ganze Bandbreite der Deutschen Frage diskutiert. Zu der Delegiertentagung kam auch der damalige Bundesvertriebenenminister, Wolfgang Mischnick, ein Dresdner. Er bekannte sich in seiner Rede zur Wiedervereinigung Deutschlands. Ein drei – oder viergeteiltes Deutschland sei ein Unding. Der Westen habe die stärkere und bessere Idee. Das Ziel müsse im Auge behalten werden und alle möglichen Wege dahin müßten begangen werden. Alle Probleme der Flüchtlinge und Vertriebenen könnten erst gelöst werden, wenn die Grenzfrage mit einer gesamtdeutschen Regierung ausgehandelt sei. Dieser Tenor war in den sechziger Jahren noch gang und gäbe. Zu diesem Zeitpunkt war der Autor Bundespressereferent.

Die Zusammenarbeit Kiekebusch/Bader hatte besonders intensiv begonnen als die Bundesdelegiertentagung anläßlich der Übernahme der Patenschaft über die Landsmannschaft durch das Land Baden - Württemberg in Stuttgart am 11./12. Dezember 1965 neben Bundessprecher Heinz Kiekebusch Werner Bader zum Stellvertretenden Bundessprecher wählte, gemeinsam mit Gustav Wilde, Berlin und Emil Kandzia, Wuppertal.

Zugleich fand die Feier zur Übernahme der Patenschaft im Weißen Saal des Neuen Schlosses am 11./12. Dezember 1965 statt. Sie war von der Landesregierung bereits im Mai 1965 beschlossen worden. Das war ein großes und bedeutsames Ereignis für die Landsmannschaft und lebensnotwendig für ihre Arbeitsfähigkeit, denn das Land zahlte Fördermittel. Zuletzt 100000 Mark jährlich. Die meisten Landsmannschaften hatten zu diesem Zeitpunkt bereits ihre Patenschaft. Auf Baden – Württemberg fiel die Wahl, weil die Region Hohenzollern mit der Stammburg dieses Geschlechtes, das seit 1415 Brandenburg, dann Preußen und Deutschland bis 1918 regierte, dort, in Hechingen, lag.

Staatssekretär Sepp Schwarz übergab an Kiekebusch die Patenschaftsurkunde, die folgenden Inhalt hat:

„Die Landesregierung Baden – Württemberg hat am 11. Mai 1965 beschlossen, die Patenschaft über die Landsmannschaft Berlin – Mark Brandenburg zu übernehmen. Dieser Beschluß soll die Verbundenheit des Landes Baden – Württemberg mit Berlin und der Mark Brandenburg bezeugen und den Willen bekräftigen, unser gemeinsames deutsches Vaterland mit der Hauptstadt Berlin und der Mark Brandenburg in Freiheit und Frieden wieder zu vereinigen ."

URKUNDE

Die Landesregierung von Baden-Württemberg

hat am 11. Mai 1965 beschlossen,

die Patenschaft über die

Landsmannschaft Berlin-Mark Brandenburg

zu übernehmen.

Dieser Beschluß soll die Verbundenheit des Landes Baden-Württemberg
mit Berlin und der Mark Brandenburg bezeugen und den Willen
bekräftigen, unser gemeinsames deutsches Vaterland mit der
Hauptstadt Berlin in Freiheit und Frieden wieder zu vereinigen.

Stuttgart den 11. Mai 1965

Für die Regierung
des Landes Baden-Württemberg

D. K. G. Kiesinger

MINISTERPRÄSIDENT

Schwarz sagte, vieles in der Geschichte spreche für diese Verbindung. Die Landsmannschaft wolle nun Stuttgart zum Mittelpunkt ihrer kulturellen Arbeit machen.

In der Feierstunde hielt Dr. Heinz Kiekebusch einen interessanten Vortrag, „Die Mark Brandenburg in Vergangenheit und Gegenwart." Der erste Vorsitzende, Reichsminister a. D. von Keudell, war mit dabei. Kiekebusch überreichte Schwarz ein Gemälde der Garnisonkirche in Potsdam.

Die Zusammenarbeit Kiekebusch – Bader erwies sich als fruchtbar. Der Autor brachte immer wieder neue Ideen ein. Eine war die Grundsatzdebatte auf der Bundesdelegiertenversammlung der Landsmannschaft in Hechingen, im Restaurant „Museum", die gemeinsam mit einer mehrtägigen gesamtdeutschen Tagung stattfand. Sie hatte auch ein großes Presseecho. Das Thema lautete anspruchsvoll: „Grundsätze der gesamtdeutschen Politik und die Probleme der Kontakte." Mein Vortrag hatte den Titel: „Wiedervereinigung mit Mittel – und Ostdeutschland." Es war eine grundsätzliche Rede, die zukunftsgerichtet war und Aufsehen erregt hat, auch in der Presse.

Das „Heimatblatt für die Deutsche Volksgemeinschaft Frankfurt/Oder Sternberger Kurier" schrieb: "Das düstere Bild der Resignation und des Fatalismus, das am Montag und Dienstag auf der gesamtdeutschen Tagung der Landsmannschaft Berlin – Mark Brandenburg im Museum in Hechingen entstanden war, wurde

44

am Mittwoch erfreulich aufgehellt durch einen zu-kunftsweisenden Vortrag, den der Stellvertretende Bundessprecher und Landesvorsitzende von Nord-rhein – Westfalen, Werner Bader, aus Köln unter dem Titel „Wiedervereinigung mit Ost – und Mitteldeutsch-land" hielt. Wenn man in der Deutschlandfrage weiter-kommen wolle, müsse man aktiver werden als bisher, müsse man mehr mit ganzem Herzen bei der Sache sein, denn hier wie dort gebe es Ansatzpunkte für ein Zusammenstreben beider Teile des zerrissenen Deutschlands mehr als genug."

„Er plädierte schon in den 50iger Jahren für eine weit-sichtige Politik, für Kontakte mit dem Osten, für Zu-sammenarbeit mit den Polen, als noch purer Kalter Krieg herrschte."

Anlässlich der Patenschaftsübernahme der Stadt Hechingen für Potsdam, Am 21. Mai 1966, hatten Sei-ne Kaiserliche Hoheit, Prinz Louis Ferdinand und Prin-zessin Kyra, den Bundesvorstand zu einem Besuch auf Burg Hohenzollern eingeladen, zu einer Kaffee-stunde. Der Autor und seine Frau Karin hatten die Eh-re, neben dem Prinzen und Prinzessin Kyra zu sitzen. In endloser Reihenfolge kamen Delegierte an den Tisch, hatten oft ein altes Foto zur Hand, auf dem der Kaiser zu einer Parade, an der ihre militärische Einheit teilgenommen hatte, erschienen war. Sie waren – überraschenderweise – fast unterwürfig. Da kam der anwesende Bürgermeister von Hechingen zu Kieke-busch und fragte, wer denn eigentlich die Patenschaft über die Potsdamer übernommen habe, Prinz Louis Ferdinand oder die freie Stadt Hechingen. Kiekebusch gebot Bader als Stellvertretender Bundessprecher für die Landsmannschaft zu sprechen.

Hier meine Erinnerungsnotiz über die Rede:

„Das fiel mir schwer, so aus dem Hut zu reden und dann noch den richtigen, kritischen Ton gegenüber den devoten alten Herren aus der Landsmannschaft zu finden. Ich begann mit dem Hinweis, daß ich auf dem Weg den Burgberg hoch überlegt habe, wie ich die Gastgeber anreden solle: Kaiserliche Hoheit oder Herr von Hohenzollern oder von Preußen. Ich habe mich für Kaiserliche Hoheit entschieden, in Respekt vor einer großen Familie, die rund 500 Jahre Brandenburg, dann Preußen und schließlich Deutschland regiert hat. Wenn hier ältere Herren kommen, die noch bei einer Kaiserparade dabei waren und davon schwärmen, dann mag dies seine Berechtigung haben, aber ich, der ich mich als Preuße fühle, habe von diesem konservativen Geist beim Militär im letzten Kriegs nichts gespürt. Diesen Geist müssen sie wohl in ihrem Soldatenspind eingeschlossen haben. Für mich liegt Preußen nicht in erster Linie bei Militärstiefeln sondern beim kategorischen Imperativ Immanuel Kants. Wenn man so handelt, daß sein eigenes Handeln allgemeines Gesetzt werden kann, dann handelt man preußisch.“

Prinz Louis Ferdinand kam mir entgegen, streckte beide Hände aus und bedankte sich herzlich und freundschaftlich. Eine so gute Preußenrede habe er selten gehört.“

46

Übrigens: der Bundesvorstand legte an den Särgen von Friedrich dem Großen und Friedrich Wilhelm I. die damals auf der Burg standen, Kränze nieder.

Die am Ende des Seminars einstimmig gefaßte Resolution stammt weitgehend aus meiner Feder.

Hier einige Auszüge:

„Die Landsmannschaft Berlin – Mark Brandenburg bekennt sich von Neuem zur Unteilbarkeit des deutschen Volkes und zur Wiedervereinigung Deutschlands in Freiheit. Sie setzt sich für eine dynamische Wiedervereinigungspolitik ein und appelliert an alle Deutschen, jede sich bietende Gelegenheit zu nutzen, um der Spaltungspolitik der Kommunisten entgegenzuwirken und die Verbindung zu unseren Landsleuten in Mitteldeutschland eng zu gestalten sollten wir nicht müde werden, selbst dorthin, in die DDR und nach Polen zu reisen und anderen solche Reisen zu empfehlen."

Einer meiner später oft zitierten Sätze hieß:

„Das Abenteuer unserer Zeit heißt Deutschland zu entdecken oder wiederzuentdecken."

Die Landmannschaft rief die Deutschen auf, Pakete und Päckchen nach drüben zu schicken, Besuchsreisen zu unternehmen und, ein bemerkenswerter Satz: „Die Landsmannschaft wird auch der Auseinandersetzung mit Kommunisten an keinem Ort Deutschlands ausweichen. Dies ist ein Teil des Kampfes um die Wiedervereinigung."

Über diesen Satz wurde lange diskutiert, denn 1966 galt noch die offizielle Lesart, mit Kommunisten gibt es keine Gespräche. Ebenso über die Erklärung „in einem noch auszuwählenden Heimatkreis soll der Versuch gemacht werden, den Bürgermeister und Mitglieder des Stadtrates der entsprechenden Kreisstadt der Sowjetzone zu einem Heimattreffen einzuladen." Die Gäste könnten über ihre Stadt reden, müßten sich aber auch einer Diskussion stellen.

Gefordert wurde: der Bundestag solle regelmäßig in Berlin tagen. Nachbarschaftsverkehr an der Zonengrenze müsse in Gang gebracht werden. Und: „Laßt uns die Gräber unserer Angehörigen in der Mark Brandenburg diesseits und jenseits der Oder – Neiße – Linie pflegen."

Der damalige Kommentar der LM – Informationen lautete: „Mit dieser Erklärung hat die Landsmannschaft eine klare und dynamische Position bezogen, wie es bisher noch keine Landsmannschaft getan hat."

Diese Tagung war fruchtbar und richtungweisend. Sie zeigte gute Nachwirkungen.

Reichsminister a. D. von Keudell nahm zeitweilig an dem Seminar teil. Es war das letzte Mal vor seinem Tod.

Nach dem Tod von Dr. Heinz Kiekebusch folgte im Amt des Bundessprechers zunächst Herbert Scheffler, Leitender Redakteur der Deutschen Welle und später Direktor der Landeszentrale für politische Bildung in Rheinland – Pfalz. Er hat Vieles in Angriff genommen und vorwärtsgerichtete Heimatpolitik gemacht. Er trat aber noch während seiner Amtszeit zurück. Die Querelen mit Hans Beske, einem der Stellvertretenden Bundessprecher, waren zu groß.

Unter der Führung von Herbert Scheffler war inzwischen die Stiftung Brandenburg gegründet worden. Scheffler holte damit ein Versäumnis seines Vorgängers nach. Weil die Brandenburger so spät kamen, hatte die Bundesregierung gehandelt und für die verspäteten Pommern, Brandenburger und Weichsel – Warthe die Stiftung Nordostdeutsches Kulturwerk in Lüneburg gegründet. Dort war die LM Berlin Mark Brandenburg praktisch eine Unterstiftung.

Hans Beske, Heimatkreisbetreuer für Landsberg Stadt und Land, folgte im Amt, mit äußerst knappen, ja dem knappsten Wahlergebnis aller Landsmannschaftswahlen. Er wurde gewählt weil er der einzige Kandidat war. Niemand sonst hatte sich bereit gefunden. Er stieß während seiner Amtszeit durchgehend auf viel Widerstand bei den Heimatkreisbetreuern wegen seiner etwas undurchschaubaren Politik. Viele Impulse gingen von ihm nicht aus.

Bundesgeschäftsführer war lange Zeit Richard Hingst, geboren in Quitzow in der Westprignitz, Bürgermeister a. D. von Templin, später Bürgermeister von Reinfeld in Schleswig – Holstein, dessen großes Verdienst in der Überführung des Sozialwerkes Brandenburg aus Schleswig – Holstein nach Baden – Württemberg, nach Hechingen, bestand. Und darin, daß er seine Idee realisierte, Sozialwohnungen für alte Brandenburger zu bauen. Gegen große Widerstände und gegen Uninteresse in den eigenen Reihen. In Hechingen entstanden die Bauten mit einem wunderbaren, unbezahlbaren Blick auf die Hohenzollernburg. 37 Wohnungen entstanden mit interessanter Infrastruktur, bis hin zum Grillplatz. Richard Hingst hatte ein großes Werk geschaffen und dafür auch Risiken auf sich genommen. Der Verkauf dieser Immobilie Ende der Neunziger Jahre für 1,2 Millionen Mark ermöglichte den Bau des „Hauses Brandenburg" in Fürstenwalde. Das wäre ohne dieses Geld nicht möglich gewesen.

Was Heinz Kiekebusch vorbereitet hat, war nun Wirklichkeit geworden: die Patenschaft des Landes Baden - Württemberg über die Landsmannschaft Berlin Mark Brandenburg. Das hatte zur natürlichen Folge, daß die Landsmannschaft mit ihrer Bundesgeschäftsstelle in die Landeshauptstadt des „Patenonkels", Stuttgart, zog. Aufrichtig gesagt, ohne die finanziellen Zuschüsse des Landes Baden – Württemberg wäre unsere Landsmannschaft nur in sehr begrenztem Umfang arbeitsfähig gewesen.

Richard Hingst gehörte zu den Pionieren der Landsmannschaft, er trat ihr bereits 1949 bei und diente ihr in vielen Ämtern als Kreisvorsitzender in Kiel, als Landesvorsitzender in Schleswig – Holstein, als Heimatkreisbetreuer für Templin und in vielen Fachausschüssen. Er war Vorsitzender des Bundessozialwerks. Er wurde auch stellvertretender Bundessprecher. Richard Hingst starb am 15. 9. 1989, 85 Jahre alt. Als Bundessprecher hielt ich die Trauerrede: „Ohne den jahrelangen Einsatz von Richard Hingst – lange Zeit arbeitete er ohne jede Hilfe nur auf sich selbst gestellt –

wäre diese Wohnanlage mit siebenunddreißig Wohnungen nicht entstanden."

Das landsmannschaftliche Leben vollzog sich inzwischen in eingefahren Gleisen, jährliche Haupttreffen der einzelnen Heimatkreise, kleinere regionale Treffen, einige Veranstaltungen der Landesverbände und Sitzungen der Gremien der Landsmannschaft.

Die Stellvertretenden Bundessprecher
Unersetzlich: Dr. Hannemarie Condereit

Nach der Satzung hatte die Landsmannschaft drei Stellvertretende Bundessprecher. Eine Rolle gespielt hat vor allem Gustav Wilde, Rechtsanwalt, Vorsitzender des Landesverbandes Berlin, Herr über die „Märkische Zeitung", ein Blatt, bei dem die Abo - Gebühr mit dem Beitrag gekoppelt war. Wildes Wort und Geld hatten Gewicht unter Bundessprecher Kiekebusch. Er beförderte viele Vorhaben, aber er konnte sie auch verhindern. Gegen ihn lief nichts in der Landsmannschaft. Daneben muß Emil Kandzia erwähnt werden, Vorsitzender des größten Landesverbandes, Nordrhein – Westfalen, außerdem Ratsherr in Wuppertal, ein Mann mit derbem Humor. Beide, Wilde und Kandzia waren sich ihrer Rolle bewußt. Bundessprecher Kiekebusch hatte es wahrlich nicht leicht. Manche seiner Initiativen blieb auf der Strecke, wenn er nicht deren Mitarbeit gewann. Beide regierten auch in ihren Landesverbänden ziemlich unangefochten. Ich habe es als Stellvertreter von Kandza jahrelang erlebt.

Als Gustav Wilde jung starb und Kandzia nicht mehr gewählt wurde, änderte sich die Situation. Zwei jüngere traten an deren Stelle: In Berlin Gerhard Dewitz in Nordrhein – Westfalen Werner Bader, vorher in Berlin. Sie wirkten in größerem Maße mit Kiekebusch zusammen, versuchten mit neuen Ideen eingefahrene Gleise zu verlassen, was häufig nicht gelang, denn die Arbeitsgemeinschaft der Heimatkreisbetreuer blieb in eingefahrenen Gleisen. Andere Stellvertreter, sie kamen und gingen, sie sind kaum aktiv in Erscheinung getreten.

Heraus ragt aber Frau Dr. Hannemarie Condereit als Stellvertretende Bundessprecherin. Sie war die längste in diesem Amt. In der sechzigjährigen Geschichte der Landsmannschaft mehr als zwanzig Jahre. Sie fühlte sich verpflichtet, die Arbeit ihres Vaters nach seinem Tode fortzuführen: Landwirtschaftsrat Gustav Condereit, politischer Flüchtling aus Neustadt an der Dosse, der das berühmte Gestüt in Neustadt nach dem Krieg erfolgreich wiederaufgebaut hatte und seiner bevorstehenden Verhaftung nur durch eine plötzliche Flucht entgehen konnte, war der Gründer des Heimatkreises Ruppin. Er wirkte außerordentlich aktiv für seine Landsleute. Ein gradliniger Mann mit preußischem Pflichtgefühl. Seine Tochter Hannemarie, inzwischen bekannte und beliebte Augenärztin in Münster, führte die Arbeit fort. In der Landsmannschaft wurde sie zur Stellvertretenden Bundessprecherin und bei jeder Neuwahl mit großer Mehrheit immer wieder gewählt.

Ich fand sie in diesem Amt vor. Sie war zukunftsorientiert, arbeitete mit mir eng zusammen, sie war unermüdlich und trug meine Ideen und Pläne aktiv mit. Dr. Hannemarie Condereit hatte außerdem die Gabe, erklärend, überzeugend, vor allem aber ausgleichend, zu wirken. Wir wurden Freunde. Nach Ihrem Tode wurde sie in märkischer Erde, in Rhinow, bestattet. Ich hielt die Grabrede.

Der zweite Stellvertreter mit dem ich gut zusammen-arbeitete, war Wolfgang Behrens, Landesvorsitzender in Hessen. Auch er trug meine Ideen und Vorschläge stets mit und war loyal.

Mit dem dritten Stellvertreter, Gerhard Dewitz, der mich mit vorgeschlagen hatte, entwickelten sich Probleme. Er hatte offenbar die Wende geistig nicht mit-vollzogen, sperrte sich gegen meine Vorstellungen eine Heimatpolitik zu machen, mit dem Ziel der Ver-söhnung und, leider muß dies gesagt werden, driftete nach rechts ab. Er bekam auch Probleme mit seiner Arbeit im BdV – Berlin. Seine cholerischen Neigungen machten das Zusammenwirken nicht einfach. In der Landsmannschaft entwickelten sich zwei Flügel. Ich habe sie mit „Beton" und „Reform" bezeichnet. Nach seinem Desaster in Potsdam 1991 schied Gerhard Dewitz aus dem Vorstand aus und es kamen wech-selnde Nachfolger an seiner Stelle.

Werner Bader wird 1985 Bundessprecher

1985 wurde Werner Bader mit großer Mehrheit zum Bundessprecher gewählt. Werner Bader, Niederlausit-zer aus Haidemühl bei Spremberg, der in Drossen, Sternberger Land, zur Schule gegangen ist, Journalist, Buchautor, 30 Jahre lang Chef des Deutschen Pro-gramms der Deutschen Welle in Köln, das „rund um die Uhr, rund um die Welt" ausgestrahlt wurde, war

schon seit dem Ende der Fünfziger Jahre Bundespressereferent und seit 1967 Stellvertretender Bundessprecher. Aber auch Vizepräsident des Bundes der
Mitteldeutschen und Vorsitzender des größten Landesverbandes Nordrhein – Westfalen. Zugleich einer
der Väter des BMD.

Und das war die Vorgeschichte:

„Vor der Brandenburgischen Landesversammlung
1985 haben mich eine Reihe von Landsleuten aufgefordert, ja, bedrängt, für das Amt des Bundessprechers zu kandidieren. Es drängten mich besonders
eindringlich Gerhard Dewitz, Stellvertretender Bundessprecher, Vorsitzender des Landesverbandes Berlin unserer Landsmannschaft und BdV - Landesvorsitzender in Berlin, Dr. Hannemarie Condereit, Stellvertretende Bundessprecherin und Heimatkreisbetreuerin
für Ruppin, Heinz Schulz, Bundesvorstandsmitglied,
Vorsitzender des Landesverbandes Nordrhein - Westfalen und Heimatkreisbetreuer Crossen.

Dies war die Lage:

Der bisherige Bundessprecher, Hans Beske, (Heimatkreis Landsberg), wenig beliebt und nur mit hauch-
dünner Mehrheit gewählt, weil kein anderer Kandidat
zur Verfügung stand, war seit längerer Zeit krank. Seine Krankheit hatte sich verschlimmert. Er wollte noch
die Feier zum 20. Jahrestag der Patenschaft Baden -
Württembergs über die Landsmannschaft Berlin - Mark
Brandenburg begehen, aber sein Gesundheitszustand
verbot ihm dies. Erst einen Tag vor Beginn der Veran-
staltung ließ er mitteilen, er könne nicht mehr nach

54

Stuttgart kommen. Daß er nicht mehr kandidieren würde, hatte er bereits längere Zeit vorher angekündigt. Kurze Zeit später starb er.

Den nachdrücklichen Aufforderungen habe ich erst nach langem Nachdenken nachgegeben, weil ich unsicher war, ob meine Zukunftsvisionen auch eine Mehrheit unter den Delegierten finden würden. Zumal diejenigen, die mich so dringend gebeten haben, zu kandidieren, sich zuvor auf einen anderen Kandidaten in einer förmlichen Abstimmung des Vorstandes festgelegt hatten, wie ich später erfuhr. Auf Rudolf Schulz – Rosengarten, Heimatkreisbetreuer von Lebus.

Als Delegierter fuhr ich nach Stuttgart. Der Verlauf der Tagung enttäuschte mich, es waren die alten ausgetretenen Pfade, und die gleichen alten Querelen. Ich fürchtete, meine Visionen für eine neue Landsmannschaftspolitik würden keine Mehrheit finden.

Ich sagte nein, ich kandidiere nicht. Heinz Schulz, Heimatkreisbetreuer Crossen, befragte daraufhin in der Mittagspause noch einmal die ihm nahestehenden Delegierten und kam mit dem Ergebnis zurück: Ich müsse kandidieren, denn die Mehrheit wolle mich wählen. Ich ließ mir ein „Ja" regelrecht abringen. Wenige Stunden später war ich gewählter Bundessprecher, mit 31 Stimmen. Rudolf Schulz - Rosengarten unterlag mit 22 Stimmen.

Zwei Stunden nach meiner Wahl mußte ich im Kursaal von Bad Cannstadt - dort tagte die Landsmannschaft - auf die Bühne und einen „Kulturellen Abend" eröffnen. Mit einer humorvollen Rede und Brandenburgischen

Sprüchen gelang dies, wie der starke Beifall bezeugte. Mir fiel ein: „Die Schürze ist länger als der Rock, das Mädchen ist aus Jüterbog," – „Der Cottbuser Postkutscher putzt den Cottbuser Postkutschkasten blitz blank," – „Sag an mein Kind, so rauh der Wind, Berlin Stettin, wieviel Städte das sind," (Vier: Berlin, Stettin, Sagan und Sorau), „Herzog Hans von Sagan ohne Land hat sich vor Drossen das Maul verbrannt." Das bot eine schöne Überleitung zum bunten, kulturellen Programm mit Anmerkungen für unsere aktive Kulturpolitik.

Rudolf Schulz – Rosengarten, mein unterlegener Gegenkandidat, kam daraufhin zu mir und sagte: "Ich glaube, wir haben doch den richtigen Bundessprecher gewählt."

Am nächsten Tag hatte ich – fast unvorbereitet – in der offiziellen Feierstunde zum Jubiläum der Patenschaft die Festrede zu halten. Ich hatte nur einige Nachtstunden der Vorbereitung. Aber ich hatte ja meine Visionen.

Die Rede wurde ein Erfolg, dies wurde auch vom Innenminister Baden – Württembergs verbal ausgedrückt.

Günter Kirbach formulierte später in einem Geburtstagswunsch:

Werner Bader, Märker, Journalist, Stukaflieger, Schriftsteller, Nachlaßverwalter, Spremberger Stadtschreiber, Vertriebenenanwalt, Brandenburg – Heim-

kehrer, Träger Großes Bundesverdienstkreuz, Kultur-
förderer, Merianstich Sammler, Entertainer, Visionär."

Beginn der Amtszeit Bader

Gegen erhebliche Widerstände setzte ich Günter Kirbach als Bundesgeschäftsführer durch. Unter den
zehn Bewerbern entschied ich mich für diesen Mann,
einem Sachsen aus Dresden, der als politischer
Flüchtling in Baden groß geworden ist und nun für die
Märker wirkte. Eine Zeit fruchtbarer Zusammenarbeit
begann, sie brachte der Landsmannschaft einen großen Aufschwung. In diesem einenhalb Jahrzehnt hatte die Landsmannschaft ihre größten Erfolge, ihre
wichtigsten Aktionen, also ihre beste Zeit und Ihren
Höhepunkt erreicht.

Hätte die Landsmannschaft unter der neuen Führung
nicht ein kleines Wunder vollbracht und durch eine
ganze Reihe von Maßnahmen den Eigenanteil an ihrem Jahresetat bis auf 75 Prozent gesteigert, sie hätte
nicht überlebt.

Als Erstes wollte ich die Kommunikation innerhalb der
Organisation verbessern, denn unter Hans Beske gab
es lediglich zwei - bis drei Mal im Jahr einen Brief an
wenige Funktionäre, in dem wirklich stets das Gleiche
stand: Es komme für die aussterbende Erlebnisgeneration darauf an, eine „Binnenwende" zu vollziehen,
was immer dies bedeutete.

Kommunikationsverbesserung war leichter gesagt, als
getan. Ich schrieb, zum ersten Mal in der Landsmannschaft einen mehrseitigen kleinen Informationsdienst

und beauftragte die Bundesgeschäftsführerin, Frau Michael, die noch ein paar Monate im Amt war, dies nicht nur allen Landesvorsitzenden und Heimatkreisbetreuern sondern auch deren Stellvertretern zu schicken. Erschrocken nahm ich die Mitteilung zur Kenntnis, die Bundesgeschäftsstelle, also die Zentrale der Organisation, verfüge nur über 42 Adressen. Die Stellvertreter - Adressen mußten zusammengetragen werden. Das löste Proteste aus: wie ich dazu käme, ohne zu fragen, die Stellvertreter anzuschreiben. Hier, so schien mir, ging es, so lächerlich es klingen mag, um „Herrschaftswissen."

Erste Notwendigkeit war der Umbau und die Modernisierung der Bundesgeschäftsstelle mit - endlich – der Einführung eines Faxgerätes und eines Telefonbeantworters. Dies 1985! vor allem aber eines Computers mit Zugang zum Internet.

Auf einer der ersten Heimatkreisbetreuer Tagungen in Vlotho, an der ich als Bundessprecher teilnahm, - dort fanden sie seit vielen Jahren als Routineveranstaltungen immer statt, habe ich mit großer Bewunderung angehört, wie die meist älteren Heimatkreisbetreuer unter Mithilfe ihrer Frauen ihre von ihnen selbst hergestellten kleinen Heimatzeitungen verschickten, das heißt, jeweils ein paar Tausend Adressen mit der Hand schrieben und ihre „Grabbelkarteien" führten, in der persönliche Informationen gesammelt worden waren. Das mutete mir im Zeitalter, da der Computer längst erfunden war, geradezu prähistorisch an. Da stand ich auf mit dem provozierenden Satz: „Ich führe Euch aus der Kaiserzeit in die Moderne. Wir schaffen einen Computer an."

Das Experiment gelang. Ich konnte 8000 DM Förder-mittel dafür bei der Regierung beschaffen. Adressen konnten nun jederzeit schnell hergestellt und zur Verfügung gestellt werden. Aber zunächst machten nur zwei Heimatkreise davon Gebrauch. Die Moderne setzte sich nur langsam durch.

Auch ein anderer meiner provozierenden Sätze ist mir in Erinnerung: „Die Landsmannschaft ist eine Dame ohne Unterleib." Siehe die ganzen 42 Adressen von aktiven Mitarbeitern in der Zentrale.

Deshalb war es das Wichtigste, einen regelmäßigen Informationsfluss zu schaffen. Ich habe einen Informationsdienst als interessantes Informations – und Kommunikationsorgan nach innen und außen eingeführt. Stärkere Einbindung besonders der Heimatkreise in die Arbeit der Dachorganisation wurde angestrebt.

Günter Kirbach, den ich unter zehn Bewerbern und Bewerberinnen ausgesucht hatte, gestaltete diesen Informationsdienst, inhaltlich und vor allem graphisch. Und dies vorbildlich.

Die erste Vorstandssitzung unter neuer Führung
Neue interessante Tagungsorte

Bisher war der Standardort für Vorstandsitzungen das Christliche Hospiz in Hannovers Bahnhofsnähe. Wie alles unter der Ägidie Beske, ein Routine – Ablauf. Meine Absicht war es, Vorstandssitzungen, wenn möglich, auch mit Informationsbesuchen zu verbinden. Die erste Sitzung fand in der Deutschen Welle in Köln, mit Besichtigung des Welt - Senders, statt, dort war ich Chef des Deutschen Programms. Spätere Sitzungen dann in Bonn, mit Besichtigung des Gesamtdeutschen Instituts und in Düsseldorf, zum Kennenlernen des Hauses des Deutschen Ostens. Aber auch nach Stuttgart habe ich den Vorstand einberufen, denn kaum einer kannte die eigene Geschäftstelle und die Bibliothek der Stiftung Brandenburg.

Die Landsmannschaft, das habe ich immer wieder gesagt, war in der Tat eine „Dame ohne Unterleib."

Später berief ich Sitzungen in der Nähe der Zonengrenze ein. Noch vor der Wende gelang es uns sogar, nach Eisenach in der DDR zu fahren.

Die Vorstandsmitglieder wunderten sich, in der ersten Sitzung unter meiner Leitung, als ich Wert darauf legte, daß nur nach einer Wortmeldung geredet werden durfte. Sie mußten so oft abstimmen, wie bisher niemals. Dies war der neue Stil. Es gab auch gleich in der ersten Sitzung einen Eklat.

Bundesschatzmeister Friedrich Loichen, aus Guben, den ich schon von früher kannte, als ich Stellvertretender Bundessprecher war, erklärte seinen Rücktritt und verließ protestierend den Raum, als ich angekündigt hatte, in der nächsten Sitzung müsse ein Etat für 1986 zur Beratung vorgelegt werden. Dieses demokratische Verfahren empfand er - kurios genug - als einen Mißtrauensbeweis. Leider gingen ihm einige Vorstandsmitglieder nach und bewogen ihn, den Rücktritt zurückzunehmen. Sie wußten, dies hatte er schon öfter praktiziert. Wäre er nicht wieder an seine „Unersetzlichkeit" erinnert worden, der Landsmannschaft und mir wäre viel erspart geblieben.

Die Schatzmeister Kuriositäten

Es gab eine ganze Reihe von Kuriositäten um die Schatzmeister.

Nachdem sich Loichen endlich dazu verstanden hatte, daß ein Etat aufgestellt werden müsse – eine simple Selbstverständlichkeit - wandte er sich vehement gegen meine Absicht, ihn im Bundesvorstand beraten zu lassen. Niemand unterstützte meine Forderung. Immerhin, im Geschäftsführenden Vorstand wurde der Etat vorgelegt und beschlossen. Wie der Vorstand einer Organisation mit einem sechsstelligen Finanzvolumen arbeiten konnte, ohne den Etat zu kennen, bleibt mir schleierhaft.

Als der neue Bundesgeschäftsführer, Günter Kirbach, die erste Landesversammlung mitgemacht hatte, sagte er, bisher habe er noch nicht erlebt, daß den Delegierten eines Verbandes das Zahlenwerk nicht zur Beschlußfassung vorgelegt werde, und daß sich die Delegierten dies gefallen ließen. Erst zwei Jahre später, wurde der Etat auch im Bundesvorstand behandelt.

Kaum hatte Kirbach begonnen, die Buchungen über Computer abzuwickeln, beklagte sich Loichen bitterlich, er sei von den Finanzgeschäften der Landsmannschaft ausgeschlossen. Als Trude Rendel dies im Geschäftsführenden Vorstand besorgt vorbrachte, platzte mir der Kragen.

Ich erklärte, es sei unmöglich, daß in einer so großen Organisation nur der Schatzmeister Unterschriftsvollmacht habe. Alle Zahlungen müßten von ihm unterzeichnet werden. Er habe also den vollen Überblick. Er könne uns auf Tagungen nun nicht mehr mit der ewig gleichen Klage langweilen, welche Arbeit er mit der Ausrechnung von Reisekosten habe, die angeblich niemand richtig ausfüllen könne. Im übrigen sei der Schatzmeister nicht der Buchhalter der Organisation sondern der Geldbeschaffer. Loichen solle sich endlich darum kümmern, daß mehr Geld in die Kasse komme. Er wußte ja nicht einmal, wie hoch unsere Subvention ist, die im Landeshaushalt nachzulesen steht. Er kannte nach eigener Aussage nicht die Förderrichtlinien, so daß wir Mühe hatten, beim Innenministerium eine Rückzahlungsforderung von 12.000 DM rückgängig zu machen. Ich war extra nach Stuttgart gefahren und hatte dort, Gott sei dank erfolgreich, verhandelt.

Von diesem Zeitpunkt an wurde die zweite Unterschriftsvollmacht für den Bundessprecher eingeführt, die wohl ohne den Eklat im Vorstand keine Mehrheit gefunden hätte, denn Loichen wurde von seinen Vorstandskollegen einfach nicht kritisiert. Es gab im Vorstand eine feste, CDU – „Fraktion:" Dewitz – von Bodenhausen - Loichen, die auch in jeder Sitzung nebeneinander saß. Sie versuchten sehr rechte Politik durchzusetzen. Die anderen stöhnten zwar, aber sie schwiegen.

Unser Verhältnis war eigentlich ein Nicht - Verhältnis. Loichen schwankte zwischen überschwänglichem Lob für den Bundessprecher, abgrundtiefer Verdammnis und polemischer Verleumdung. Es dauerte sechs Jahre bevor das Kapitel Loichen geschlossen werden konnte. Allerdings war das nachfolgende Kapitel Speer auch eine Groteske.

Als Loichen im Vorstand mehr und mehr realistisch betrachtet wurde, hieß das letzte Argument, man habe ja keinen neuen Kandidaten für das Amt des Schatzmeisters. Ich machte mich auf die Suche und glaubte einen gefunden zu haben. Auf der Tagung der Heimatkreisbetreuer in Heilbronn, 1989, fiel mir ein Mann auf, der aktiv mitdiskutierte und, wie ich fand, zentrale Fragen stellte: Kurt Speer, gewesener Rechnungsprüfer. Er erklärte sich bereit, zu kandidieren. Dies geschah auf der Landesversammlung in Potsdam 1991, auf der die Entscheidung über die zukünftige Konzeption der Arbeit der Landsmannschaft fiel. Loichen hatte erfahren, es werde einen Gegenkandidaten geben. Zu aller Überraschung gab er nach seinem Finanzbericht seinen Rücktritt bekannt, ohne mit jemanden darüber gesprochen zu haben. Speer wurde gewählt.

Aber damit fing die Krux von neuem an. Speer hielt uns in jeder Sitzung mit langatmigen Ausführungen auf, stellte immer wieder die gleichen Fragen, verstand auch nach mehrfachen Erklärungen weder die Struktur des BdV noch die der Kulturwerke. Er verweigerte öfter ohne Grund seine Unterschrift. Seine unglückliche Art war es, oft nach wenigen Minuten, genau das Gegenteil von seinen bisherigen Darlegungen vorzutragen. Alle Vorstandsmitglieder stöhnten unter seinen Monologen, die in der Regel sachlich korrigiert werden mußten. Es mußte zu Auseinandersetzungen kommen. Ich war schuld an seiner Kandidatur; ich mußte auch einen neuen Schatzmeister finden. Dies gelang in der Person von Dieter Lonchant, Stellvertretender Landesvorsitzender der Landsmannschaft und BdV - Kreisvorsitzender in Nienburg an der Weser, der später durch einen Putsch von sich reden machte.

Der aktive Bundesgeschäftsführer

Frau Elisabeth Michael, früher in Diensten eines Ärzteverbandes, war Bundesgeschäftsführerin. Nach den Veranstaltungen zum zwanzigsten Jahrestag der Patenschaft Baden - Württemberg - Landsmannschaft Berlin - Mark Brandenburg, 1985 lernte ich sie kennen, denn sie hatte einen Herzinfarkt auszukurieren. Die Vorbereitungen zu den Veranstaltungen hatte Eitel Krüger, Heimatkreisbetreuer von Meseritz, gemacht, der für eine gewisse Zeit aus Hamburg nach Stuttgart gekommen war.

Als Frau Michael ihren Dienst wieder aufnahm, kündigte sie mir ihr Ausscheiden an. Ich bat sie noch ein paar Monate zu bleiben, damit nicht der Eindruck entstehe, sie verlasse die Bundesgeschäftstelle wegen des neuen Bundessprechers. Wir arbeiteten über ein halbes Jahr gut zusammen.

Aber es galt einen neuen Bundesgeschäftsführer zu finden. Anzeigen wurden aufgegeben. Etwa zehn Bewerber und Bewerberinnen meldeten sich. Sie wurden alle an einem Tag in einem vierzig Minuten - Rhythmus bestellt. Bei dieser kurzen Prüfung blieben zwei Bewerber übrig, eine Dame und Günter Kirbach. Frau Michael plädierte für die Dame, ich für Kirbach. Zwar überzeugte mich seine Antwort nicht, warum er als knapp Fünfzigjähriger eine feste Stellung risikoreich gekündigt hatte, ohne eine neue zu haben. Das konnte auch bedeuten, mit einer eigenen Kündigung der bevorstehenden des Arbeitgebers zuvor zu kommen. Dann aber mußte es auch Vorfälle gegeben haben. Aus vielerlei Gründen entschied ich mich trotzdem für ihn: Organisatorische Erfahrung, Führung von Verbänden, Umgang mit Finanzen und Fördermitteln. Schließlich aber wog auch das Menschliche schwer.

Es zeigte sich bald, dies war die richtige Entscheidung. Günter Kirbach erwies sich als „Mehrzweckwaffe." Er hatte Organisationstalent, Erfahrungen im Geschäftstellenbetrieb und, was sich bald als außerordentlich nützlich erwies, er konnte mit Computern, die sich als unersetzlich erweisen sollten, umgehen.

Mit Kirbach konnte ich die Geschäftsstelle nach meinen Vorstellungen technisch modern ausstatten. Das Erste war die Anschaffung eines Telefonbeantworters, damit alle auch nach Büroschluß abends billig anrufen und Mitteilungen und Wünsche auf Band sprechen konnten.

Zum Zweiten aber habe ich einen Computer angeschafft. Die Vorgeschichte habe ich oben bereits beschrieben. Wie ich in Vlotho mit dem berühmten Satz die Anschaffung angekündigt habe:

Spontan stand ich auf und sagte: „Ich führe Euch jetzt aus der Kaiserzeit in die Moderne. Es wird ein Computer angeschafft." Achttausend Mark mußte ich von der Landesregierung besorgen. Ob dies klappen würde, wußte ich nicht. Aber, Gott sei Dank gelang es mir, die Summe zu beschaffen.

Es fanden sich zunächst fünf Heimatkreise. An der Spitze der Heimatkreis Ruppin mit seiner Vorsitzenden, Dr. Hannemarie Condereit. Aber auch der Heimatkreis Züllichau - Schwiebus, mit Ruth Schulz, kam dazu. Es lief jedoch schon die Gegenpropaganda, dies alles ginge nicht, wegen des Datenschutzes. Kurios, dieses Argument, denn in der „Grabbelkartei" hatten die Heimatkreisbetreuer sehr viel mehr persönliche Daten, ohne Genehmigung der Betroffenen, als es die einfache Computer - Adresse darstellte. Aber da lag ja schon für die Gegner das Problem, die Bundesgeschäftsstelle hatte dann ja die Adressen, ihre Adressen.

Der modernisierte Geschäftsbetrieb wurde professioneller. Die Einladungen, Geschäftsberichte, Vorlagen, kurzum, alles Gedruckte wurde von Kirbach graphisch modern und eindrucksvoll gestaltet.

Aber auch inhaltlich veränderte sich die Arbeit. Die Zusammenarbeit mit dem Innenministerium wurde intensiviert. Wir begannen mit dem Ministerium für innerdeutsche Beziehungen und mit dem Innenministerium zusammenzuarbeiten und auch für die Landsmannschaft Berlin - Mark Brandenburg Gelder nach § 96, Bundesvertriebenengesetz, für unsere Aktionen zu beschaffen. So wurde der Haushalt von Jahr zu größer, Er wurde mehr als verdoppelt. Alles ohne Mitarbeit der Bundesschatzmeister.

Der Informationsdienst ein wichtiges Instrument

Mit meiner Wahl zum Bundessprecher wollte ich eine neue, aktive Aera einleiten Dazu gehörte eine gute Informationsarbeit. Ich habe zum ersten Mal in der Landsmannschaft einen Informationsdienst herausgegeben. Meine große Überraschung, in der Bundesgeschäftstelle gab es nur 42 Adressaten. Aber da ich die Stellvertretenden Heimatkreisbetreuer mit beliefert hatte, gab es Proteste, wie ich denn dazu käme die Stellvertreter zu beliefern. Das war kurios. Schritt für Schritt setzte sich der Dienst durch. Die Zahl derjenigen, die ihn lesen wollten stieg. Bereits mit der dritten Ausgabe erreichten wir 90 Landsleute. Bald war es eine Auflage von über 600 Er fand Zustimmung, ja, wurde begehrt.

Zum ersten Mal in der Geschichte der Landsmannschaft fand das Geschehen an der Landsmannschaftsspitze eine weitere Verbreitung; zum ersten Mal erfuhren die Amtsträger in den Vorständen der Landesverbände und der Heimatkreise, was in der Landsmannschaft vorging. Zum ersten Mal ahnten sie wenigstens, daß die Landsmannschaft für Sie und ihre Arbeit wichtig ist. Der neue Geschäftsführer, Günter Kirbach, gestaltete den Dienst kreativ, inhaltlich und graphisch gut. Er sorgte dafür, daß eine Fülle von Informationen den Funktionären zur Verfügung gestellt wurde.

Die Stationen der Steigerung des Eigenanteils der Finanzen

Der Etat der Landsmannschaft Berlin – Mark Brandenburg wurde während meiner Amtszeit, unter wesentlicher Mitarbeit des Bundesgeschäftsführers Günter Kirbach, kontinuierlich gesteigert, zunächst der Eigenanteil. Der betrug 1983 ganze 9 % Eigenanteil. Schon fünf Jahre nach Übernahme des Amtes, 1990, konnte er auf 22 % gesteigert werden. 1995, zehn Jahre nach meiner Amtsübernahmen lag der Prozentsatz bereits bei 37 %. Mehr als ein Drittel der Finanzen der Landsmannschaft haben wir zu diesem Zeitpunkt selbst aufgebracht. Aber Dreiviertel steuerte noch immer die Förderung des Patenlandes bei. Aus eigener Kraft konnten wir nicht existieren.

Die Entwicklung des Etats

1983	9 % eigener Anteil am jährlichen Etat der LM
1990	22 %
1991	21 %
1992	23 %
1993	35 %
1994	37 %

An Mitteln standen zur Verfügung:

1981	101.070 DM
1986	139.754 DM
1998	228.956 DM
1994	250.695 DM

1998	258.833 DM
2000	130.000 DM

Kontakt mit der neuen Landesregierung Brandenburg

Zu den grundlegenden Neuerungen gehörte auch der Kontakt mit der neuen Landesregierung Brandenburg. Es gelang einen Termin beim Ministerpräsidenten Manfred Stolpe zu bekommen. Kirbach und ich reisten nach Potsdam zum Amtssitz. Ich hatte ein „Aide Memoire" verfaßt, mit dem er unterrichtet werden sollte.

Erläutert wurden die Grundlagen der landsmann-schaftlichen Organisation, die Mitgliedschaft, beste-hend aus den brandenburgischen Heimatvertriebenen, aus der Neumark und der östlichen Niederlausitz, also der brandenburgischen Gebiete jenseits von Oder und Neiße und den politischen Flüchtlingen aus Branden-burg westlich der Oder, die in der Bundesrepublik nach der Gesetzeslage offizielle Flüchtlingsausweise der Klassifizierung A, B, C, erhielten. Wobei C bedeu-tete, es lag „Gefahr für Leib und Leben" vor.

Beim späteren zweiten Besuch (7.5.2002) brachte ich ein weiteres „Aide Memoire" mit. Der erste Satz laute-te: „Der Kulturförderverein Mark Brandenburg ist die Zentralstelle für Partnerschaften und Patenschaften Brandenburg mit den Städten und Landkreisen der alten Neumark." Weiter: „Der Kulturförderverein Mark Brandenburg, der nicht nur aus früheren brandenburg-ischen politischen Flüchtlingen und brandenburgi-schen Heimatvertriebenen sondern inzwischen auch aus nicht vertriebenen Bürgern Brandenburgs besteht, die hier gelebt haben und leben, ist die prädestinierte und fachlich geeignete gemeinnützige Organisation die als Zentralstelle zwischen den Partnerschaftsstädten, Gemeinden und Landkreisen wichtige Aufgaben wahrnehmen kann, wie Erfahrungsaustausch, Organisierung von Treffen, kulturelle Informationsreisen, grenzüberschreitende Verständigung zu fördern, der Landesregierung zur Information und Beratung zur Verfügung zu stehen." Dafür wurden 10 000 Euro erbeten.

Der Bundessprecher nahm auch an einem Gespräch mit Bundeskanzler Helmut Kohl vor der Reise im November 1989 nach Polen im Bundeskanzleramt in Bonn teil. Der Kanzler hatte die Vorsitzenden der ostdeutschen Landmannschaften eingeladen. Er mußte diese Reise abbrechen, denn in Polen erreichte ihn die Nachricht von dem Fall der Berliner Mauer am 9. November 1989.

1991 Dramatische Tagung in Potsdam

Die Arbeit war recht erfolgreich. Es schien alles trotz der Umstellung und der anvisierten neuen Ziele, gut zu laufen. Da gab es plötzlich schwere innere Auseinandersetzungen. Auf der Landesversammlung 1991 in Potsdam, zum ersten Mal in der brandenburgischen Landeshauptstadt, ging es dramatisch zu.

Gerhard Dewitz, Stellvertretender Bundessprecher, hatte es sich etwas kosten lassen, er erschien mit 29 Delegierten. Denn Delegierte konnte man sich kaufen. Die begannen nacheinander zu opponieren, Geschäftsordnungsdebatten vom Zaun zu brechen, unsinnige Forderungen zu stellen und den Bundessprecher anzugreifen. Dewitz kandidierte gegen Bader. Den Delegierten vorgelegt waren schriftlich die „Konzeption Dewitz" und die „Konzeption Bader."

Leidenschaftliche Debatten begannen. Eine Spaltung drohte. Willi Pfeifer, erfolgreicher Heimatkreisbetreuer von Schwerin/Warthe, kam und sagte, wenn Dewitz gewönne träten mindestens ein Dutzend Heimatkreise aus der Landsmannschaft aus.

Die Wahl gewann Werner Bader mit 51 Stimmern. Dewitz erhielt, trotz seiner Riesendelegation, nur 34 Stimmen. „Reform" hatte gegen „Beton" gesiegt. Gegen Erfolge kann man schlecht opponieren.

Die Einzelmitgliedschaft rettete die LM

Es war abzusehen, daß die Förderungen des Patenschaftslandes nach der Wende kontinuierlich abnehmen werden. Es galt also, für das Überleben der Landsmannschaft Geld heranzuschaffen. Meine Idee war die Einführung einer Direktmitgliedschaft, der Einzelmitgliedschaft. Das war für die meisten eine völlig neue Vorstellung.

Es mußten mehr Mittel aufgebracht werden. Die Direkt – Mitgliedschaft war die einzige Möglichkeit. Aktive Landsleute aus den Landesverbänden und Heimatkreisen sollten nun in die Bundeslandsmannschaft eintreten und freiwillig einen Beitrag von 10 DM monatlich, mindestens aber fünf Mark Direktmitglied werden. Neben ihrem kleinen Beitrag in den Landesverbänden.

Es gelang mir dies nur gegen erbitternde Widerstände durchzusetzen. Zunächst wurde ich ausgelacht, dann bekämpft. Am Ende gab es 500 Einzelmitglieder. Die brachten der Landsmannschaft eine Etatsumme von rund 45.000 DM ein. Dies sicherte das Überleben der Landsmannschaft, als die Patenschaftsmittel schrittweise abgebaut wurden.

Eine andere Idee zur Finanzierung der Arbeit hatte niemand.

Bader schlägt Partnerschaft Heilbronn – Frankfurt vor

Vor der Wende gab es zwischen bundesrepublikanischen Städten und Städten der DDR eine ganze Reihe von Städtepartnerschaften. Dabei hatte sich SED – Generalsekretär Erich Honecker persönlich die Genehmigung vorbehalten.

Ich habe 1986 die deutsch – deutsche Städtepartnerschaft zwischen Heilbronn und Frankfurt an der Oder vorgeschlagen.

Darüber schrieb die Partnerzeitschrift „Heilbronn internatonal:"

„Die Idee für die deutsch – deutsche Partnerschaft zwischen Heilbronn und Frankfurt an der Oder wurde 1986 in einem Gespräch zwischen Oberbürgermeister Dr. Manfred Weinmann und dem ehemaligen Programmchef der Deutschen Welle geboren. Werner Bader legte der Stadt nahe, dem Dichter Heinrich von Kleist ein Denkmal zu setzen. Aus diesem Gedanken entwickelte sich schließlich die Idee, eine Städtepartnerschaft mit der Geburtsstadt des Schriftsteller und Schöpfers der Kätchenstadt anzustreben."

Die „Heilbronner Stimme" - Redakteur Siegfried Schilling - schrieb am 22. 09. 90 über den Empfang des Oberbürgermeisters des Vorstandes der Landsmannschaft und der Delegierten bei dem Tag der Berlin – Brandenburger in Heilbronn:

„Er (Dr. Weinmann), plauderte aus dem Nähkästchen über die Geschichte der Partnerschaftsentwicklung mit Frankfurt (Oder). Und neben ihm saß ja Werner Bader, der frühere Leiter des Deutschen Programms bei der Deutschen Welle in Köln, dessen Wiege im Raum von Frankfurt (Oder) stand. Und eben Werner Bader brachte Manfred Weinmann im März 1986 auf die Idee, mit der Kleist – Stadt anzubandeln. Ich erinnere mich noch an das Gespräch in den Küppers – Braustuben als wir anläßlich eines Interviews bei der Deutschen Welle in Köln weilten und der Märker Werner Bader gegenüber dem Heilbronner Oberbürgermeister und Verkehrsdirektor Bernhard Winkler den Kätchen – Schöpfer Heinrich von Kleist und Frankfurt (Oder) als Partnerstadt ins Spiel brachte."

Der dynamische Oberbürgermeister hat die Idee aufgegriffen und weiterverfolgt, bis sie Wirklichkeit geworden ist. Er hat Kontakte mit Frankfurt angeknüpft.

Im November 1987 trug dann der damalige Bundestagsabgeordnete Dr. Dieter Spöri in einem Gespräch mit SED – Generalsekretär und DDR – Staatsratsvorsitzenden, Erich Honecker, in Ostberlin den Wunsch der Heilbronner vor. Honecker reagierte positiv. Am 2. Dezember 1987 teilte der Leiter der Ständigen DDR – Vertretung in Bonn mit, auch Frankfurt sei zur Städtepartnerschaft bereit.

Ich kann hinzufügen: bei einem sehr fröhlichen Gespräch nach einer Sendung mit dem Heilbronner Oberbürgermeister, Dr. Weinmann, im Funkhaus der Deutschen Welle habe ich etwas salopp gesagt: „Ihr lebt als Kätchenstadt von einem Werk meines Heimatdichters Heinrich von Kleist aus Frankfurt (Oder). Damit bietet sich die Partnerstadt geradezu an."

Bei der Feier zur Unterzeichnung der Urkunde im Rathaus zu Heilbronn, zu der auch eine Delegation aus Frankfurt nach Heilbronn angereist war, sagte Oberbürgermeister Weinmann: „Das wir uns heute hier versammeln, verdanken wir Werner Bader, der die Idee hatte und heute mein Ehrengast ist."

Es gab nach dieser Feierstunde und dem anschließenden Kulturprogramm eine eindrucksvolle Begebenheit. Der Oberbürgermeister von Frankfurt (Oder), Fritz Krause, war mit einer Delegation und einer Ausstellung über seine Heimatstadt angereist. Oberbürgermeister Dr. Weinmann sagte mir, er sei jetzt sehr abgespannt, ich müsse ihn den Oberbürgermeister Krause abnehmen, es gehe alles auf seine Rechnung. Das wurde ein Gespräch bis tief in die Nacht. Ich lud ihn zu dem Wein ein „den immer der Oberbürgermeister bestellt." Krause meinte, ich solle doch einmal kommen, dann müßten wir nach Lagow in die Neumark fahren, das sei eine wunderschöne Gegend.

Ich erwiderte, „lieber Oberbürgermeister, in Lagow war ich Jahrzehnte vor Ihnen. Da haben wir vom Jungvolk immer unser Zeltlager gemacht. Am Tschetschsee, dort haben wir jeden Morgen gebadet. Singend sind wir durch das kleinste Städtchen Preußens marschiert und waren natürlich auf der Johanniterordensburg. Er war überrascht. Es wurde heimatlich. Plötzlich duzte er mich. Daraufhin ich ihn auch. Nun wurde es freundschaftlich, ja vertraulich. Ich sagte, „Fritz, schmeiß Dein Parteibuch in den Panzerschrank, die DDR ist im Arsch und die SED auch. Aus Deinen Reden höre ich heraus, daß Du in Familientradition mehr Sozi als SED bist." Er sah dies natürlich nicht so. Aber mit der Vorrausage, die DDR sei am Ende, verabschiedeten sich meine Frau Karin und ich. Später haben wir uns in Frankfurt wiedergetroffen und er hat uns Immobilien für ein Haus Brandenburg angeboten. Sein Verdienst ist es, daß die große Marienkirche in der Stadt nicht abgerissen wurde. Diesen Parteibefehl hat er einfach ignoriert. Eine mutige Tat.

Politische Voraussagen: Ende des Kommunismus

Die Arbeit der Landsmannschaft erhielt neue Konturen, neue Konzeptionen, sie blieb aktiv, mit vielen neuen, interessanten Aktionen. Sie war erfolgreich. Offenbar wurde ich deswegen immer wieder als Bundessprecher gewählt.

Auf der Delegiertenversammlung 1987, die wieder einmal in Berlin stattfand, hat der Stellvertretende Bundessprecher, Gerhard Dewitz, mein späterer politischer Gegner, mich wieder vorgeschlagen. In geheimer Wahl wurde ich wiedergewählt, mit 46 Ja Stimmen gegen 11 Nein – Stimmen, einer Enthaltung und vier ungültigen Stimmen. Gerhard Dewitz und Dr. Hannemarie Condereit wurden ebenfalls als Stellvertretende Bundessprecher wiedergewählt. Dazu kam Hans Erich von Bodenhausen, der es erst im dritten Wahlgang mit 22 Stimmen mühsam schaffte.

1988, auf der Bundesdelegiertenversammlung, wieder in Berlin, ein Jahr vor der Wiedervereinigung, begann ich meine Rede mit den Worten:

„Wir treten heute in der nachkommunistischen Epoche in Berlin zusammen." Ich erhielt sofort Widerspruch, ob ich denn die bis an die Zähne bewaffnete Sowjetunion mit der stärksten Panzerarmee der Welt vergessen hätte. Schon ein Jahr später erwies sich mein Satz als Realität, denn der Kommunismus brach zusammen.

Unsere Arbeit bekam neue Schwerpunkte. Auf der Delegiertentagung 1989, noch vor der Wende, stand eine einstimmig verabschiedete Berliner Erklärung im Mittelpunkt.

Sie begann mit der zu diesem Zeitpunkt noch sensationell anmutenden Feststellung.

„Am Beginn der nachkommunistischen Epoche stellt die Brandenburgische Landesversammlung in Berlin aus der Verpflichtung gegenüber

- den Prinzipien der allgemeinen Menschenrechte,

- dem Verfassungsgebot der Bundesrepublik Deutschland
- den Grundsätzen ihrer Satzung.
- Und aus Verantwortung gegenüber allen deutschen Stämmen fest:

I. Es gilt in dieser Zeit großer Umbrüche

- allen Menschen in Europa zu helfen, die für ihre Freiheit kämpfen
- allen Völkern und Volksgruppen zu helfen, die ihre Selbstbestimmung fordern.
- noch bestehenden diktatorischen Machtstrukturen und Machthabern, die nicht
- reformwillig oder nicht reformfähig sind, entgegenzuwirken.

II. Es gilt:

Die Menschenrechte und die Selbstbestimmung dürfen nicht Bedürfnissen nach machtpolitischem Gleichgewicht untergeordnet werden, auch nicht die grundsätzlichen Rechte der deutschen Stämme, der Ostpreußen, Pommern, Schlesier, Brandenburger, Sachsen, Sachsen – Anhaltiner, Thüringer und Mecklenburger.

III. Die Landsmannschaft Berlin – Mark Brandenburg wirkt in Deutschland für die Verwirklichung der Freiheit und Selbstbestimmung der in der DDR lebenden deutschen Stämme und ermuntert sie, diese Rechte gegenüber ihrer Regierung geltend zu machen, Gruppen, Clubs und Parteien zu bilden und die Solidarität des deutschen Volkes in Anspruch zu nehmen. Die Landsmannschaft ruft alle politischen Kräfte in Deutschland auf, das dialogunfähige Regime in Ostberlin, das gegen jede elementare Menschenrechte verstößt, nicht mehr zu unterstützen.

IV. Durch Ausübung des Selbstbestimmungsrechts, dessen ist sich die Landsmannschaft Berlin – Mark Brandenburg sicher, wird die Spaltung unseres Landes überwunden, Berlin wieder deutsche Hauptstadt, die in der Mitte Europas gelegen, prädestiniert ist, auch europäische Kapitale zu werden.

Die neuen Aktivitäten nach der Wende

Nach der Wende, die die Welt veränderte, begann für die Landsmannschaft ein völlig neuer Abschnitt ihrer Arbeit. Sie reagierte aktuell auf die sich überstürzenden Ereignisse. Der Vorstand trat bereits wenige Tage nach der Maueröffnung vom 9. November 1989 zusammen, nämlich am 15.11.89. Die Landsmannschaft mußte ihre Satzung ändern und selbstverständlich in der brandenburgischen Heimat tagen. Sie ging über die Oder in die alte brandenburgische Heimat, nahm Kontakt mit den polnischen Bürgermeistern auf, stellte sich bei der Landesregierung in Potsdam, bei Ministerpräsident Manfred Stolpe, vor.

Das führte aber auch zu inneren Auseinandersetzungen. Salopp ausgedrückt zwischen dem Betonflügel, angeführt von Gerhard Dewitz, einem der Stellvertretenden Bundessprecher und dem Reformflügel unter Bundessprecher Werner Bader.

78

Natürlich wurde das Wiederentstehen des Landes Brandenburg 1990 im Märkischen Informationsdienst kommentiert: „Die Deutschen im noch existierenden anderen Staat dürfen sich wieder ungehindert der Geschichte ihres Landes und Stammes zuwenden. Die Brandenburger in der Heimat und die in der Bundesrepublik in der Landsmannschaft Berlin – Mark Brandenburg zusammengeschlossenen Märker müssen mitwirken, damit das Land Brandenburg auch in seinem wirklichen historischen Gebiet neu entsteht und nicht nur die drei Bezirke Frankfurt(Oder), Potsdam und Cottbus wieder zusammengefaßt werden. In gewissem Maße bedeutet die Rückkehr zu Ländern denn auch so etwas wie ein - sich – wieder – einwurzeln in die Geschichte, die vor dem real – sozialistischen Desaster lag – zumindest in jenes Zusammenspiel der Stämme und Staaten, das immer einen wichtigen Bestandteil des Lebens der Deutschen ausmachte.

Nach der Wiedervereinigung: Erste Vorstandssitzung an der Oder

Nach Deutschlands Wiedervereinigung war für mich klar, wir müssen wieder in der brandenburgischen Heimat tagen. Die Zeit des „Exils" war zu Ende. Ich entwickelte eine neue Heimatpolitik. Mein Motto hieß: „in der Heimat – für die Heimat." Wir hatten nie daran gezweifelt, daß die Wiedervereinigung kommen werde.

Die Vorstandssitzungen, Delegiertentagungen und kulturellen Veranstaltungen fanden von sofort an – bis auf Ausnahmen – im Land Brandenburg und sogar in Ostbrandenburg, ostwärts der Oder, statt.

Welcher Ort wäre geeigneter als Frankfurt (Oder), die alte Hansestadt, das Tor zum Osten, zur ostbrandenburgischen Heimat, für die erste Vorstandsitzung. Das hatte sogar etwas Symbolisches.

Ich fuhr zur Vorbereitung mit Günter Kirbach nach Frankfurt. Das einzige Hotel, das Interhotel, war belegt. Uns wurde der Tipp gegeben, die alte Landesparteischule „Friedrich Engels" der SED wolle jetzt Zimmer vermieten. Wir beide waren die ersten privaten Gäste. Wir konnten für den gesamten Vorstand Unterkünfte reservieren.

An der Glaseingangstür mußte man klingeln, erst dann wurde man eingelassen, zur „Wache" wie es noch genannt wurde. Dort saßen Leute in NVA – Blusen. Die Zimmer waren höchst einfach, die Handtücher lagen, wie damals überall in der DDR, auf dem Bett. Aber auf den Nachttischen nicht mehr Karl Marx' Kapital sondern die Bibel. Im Restaurant, der alten Parteischulkantine mußte man noch anstehen um ein Essen von zwei möglichen zu erwerben. Der Service war miserabel.

Die erste Vorstandssitzung in der brandenburgischen Heimat fand vom 8. Juni bis zum 10. Juni 1999 – also nur ein reichliches halbes Jahr nach der Wende – in dieser ehemaligen Parteischule statt. Der Beginn der Vorstandsitzung war bewegend. Ich bat alle Vorstandsmitglieder aufzustehen und begrüßte sie in der brandenburgischen Heimat, hier an der Grenze zur alten Heimat, in die man aus dem Fenster über die Oder hinweg blicken konnte. Auch ich, selbst bewegt, erklärte, wir seien nun nach Brandenburg zurückgekehrt und hätten den Blick über die Oder in die alte Heimat, in der wir ebenfalls wieder wirken müßten. Es war für alle Teilnehmer ein großer Augenblick. Den letzten Teil meiner Feststellung bezweifelten die meisten. Ob sie denn mit den Polen sprechen sollten, die uns die Heimat gestohlen hätten, fragten sie. Ich sagte, ja, nur so werde es gehen. Nun sei unsere Zeit als Exilorganisation vorbei, jetzt komme es darauf an, „in der Heimat für die Heimat zu arbeiten."

Das Programm sah einen Empfang beim Stellvertretenden Oberbürgermeister, einen Besuch des Kabaretts „Die Oderhähne" und eine Fahrt zu den Seelower Höhen und nach Letschin vor.

Das Sitzungsprotokoll verzeichnet zu Top 3 „Haus Brandenburg:"

„Werner Bader erläutert noch einmal seinen Vorschlag zur Schaffung eines Hauses Brandenburg in Frankfurt an der Oder. Der Gesamtvorstand stimmt dem Projekt Haus Brandenburg gemäß der schriftlichen Vorlage grundsätzlich zu."

Über den Besuch der Vorstellung der „Oderhähne" heißt es im Protokoll: " Bundessprecher Werner Bader wird zu Beginn dieser Aufführung vom Leiter des Kabaretts, Herrn Flieder, in einer kurzen improvisierten Talk – Show den Besuchern vorgestellt.

Zum Besuch in Seelow heißt es: in einem längeren Gespräch mit dem Leiter der Gedenkstätte werden Fragen der Neuorientierung, Neufassung von Ausstellungstexten etc. behandelt. Ferner besuchen die Teilnehmer Letschin, in dem vor einigen Tagen eine Statue von Friedrich dem Großen neu aufgestellt wurde, die man jahrelang vor den Machthabern versteckt gehalten hat.

In Anwesenheit des Stellvertretenden Oberbürgermeisters, Gehlsen, schlug Werner Bader vor, den alten Flughafen Kunersdorf als grenzübergreifenden Hafen zu etablieren, von dem aus die Frankfurter und Polen in den Urlaub fliegen sollten, das biete sich an. Übrigens: auf diesem Flughafen hatte die fliegerische Ausbildung Werner Baders 1941 begonnen.

Eine Reihe von Beschlüssen wurde gefasst: Die Bundesregierung soll aufgefordert werden, die bisherige Zonenrandförderung als Grenzlandförderung entlang der Oder – Neiße – Grenze fortzuführen, Kunersdorf soll Anschluß an das innerdeutsche Flugnetz erhalten, Die Umbenennung von Wilhelm – Pieck – Stadt Guben wieder in Guben und von Kietz in Küstrin – Kietz . Die Landsmannschaft tritt für die Volksgruppen – und Minderheitenrechte der Sorben in der Niederlausitz ein.

1995: Werner Bader Zehn Jahre Bundessprecher

„Werner Bader hat oft zukunftsorientierte Reden gehalten." Das wird in der „Broschüre zehn Jahre Bundessprecher" festgestellt.

„Ein Beispiel hat er mehrfach verwendet, so auch als eben gewählter Bundessprecher der Landsmannschaft im Festakt zum zwanzigsten Bestehen der Patenschaft Baden – Württemberg – Landsmannschaft am 29.5.1985 in Stuttgart:

Wann fangen wir wenigstens an, die weißen Flecken, die immensen Lücken in unserem geographischen und historischen Wissen zu verkleinern. Die Bewusstseinseinengung ist erschreckend. An die Stelle von Königsberg in Ostpreußen ist Lübeck an der Zonengrenze getreten, an die Stelle von Beuthen in Oberschlesien Hof, an die Stelle von Frankfurt (Oder) Helmstedt. Aber: die terra incognita ist wieder erreichbar. Fahren wir hin."

Die Delegiertentagungen und Sitzungen

Zu den obligatorischen Tagungen, Vorstandsitzungen, Delegiertentagungen kamen, anders als in den früheren Jahren, als alles in Routine ablief, Seminare, die sich mit neuen, aktuellen Themen beschäftigten. Dies mußte aber erst einmal ebenso durchgesetzt werden, wie die Bereitschaft, höhere Beiträge an die Landsmannschaft direkt zu zahlen.

Die Delegiertenversammlungen wurden selbstverständlich vor allem mit heimatpolitischen Inhalten versehen. Als Bundessprecher hielt ich jeweils das grundlegende Referat.

In einer solchen programmatischen Rede habe ich auf der Delegiertenversammlung 1988 in Berlin, ein Jahr vor dem Mauerfall, mit der Feststellung begonnen:

„Wir treten heute in der nachkommunistischen Epoche in Berlin der alten und neuen deutschen Hauptstadt zusammen." Natürlich gab es Protest, ob ich denn die waffenstarrende Sowjetunion vergessen hätte. Als meine Feststellung ein Jahr später Realität wurde, hatte es im Grunde schon jeder gewußt.

Mit dem Fall der Mauer hatte sich in Europa alles geändert. Wir konnten wieder in der brandenburgischen Heimat tätig werden. Die westbrandenburgischen Heimatkreise konnten ihre Treffen in ihren märkischen Heimatstädten abhalten.

Das haben wir auch getan Frankfurt(Oder), Rheinsberg, Potsdam, Schmerwitz, Werder, Cottbus, Forst, Wittstock, Spremberg, Jüterbog, Guben. In Ostbrandenburg: Drossen, Lauske/Warthe, Landsberg/Warthe, Meseritz, Schwerin/Warthe, Lagow.

Neue Satzung, neue Inhalte, neue Ziele

Die Arbeit mußte sich grundlegend verändern.

Auf einer Sitzung des Vorstandes der Arbeitsgemeinschaft der Heimatkreise erläuterte ich die notwendige neue Arbeit am 17. März 1990, also wenige Monate nach der Maueröffnung, in meiner Wohnung in Köln.

Im Protokoll heißt es: „Werner Bader erläutert dann seine Vorstellungen über die Neuorientierung der Landsmannschaft, wie sie bei der Tagung der AG der Heimatkreisbetreuer im April in Heilbronn besprochen werden soll.

Die Aufgaben des Bundes der Mitteldeutschen (BMD) sind nahezu erfüllt, er kann sich auflösen. Wir brauchen eine Liste aller bisherigen Hilfsmaßnahmen. Die Oder - Neiße Grenze ist nur durch einen gesamtdeutschen Staat festzulegen. Eine mögliche gemeinsame deutsch – polnische Besiedlung als Endziel sollte diskutiert werden. Kontakt mit Partnerstädten ist aufrecht erhalten. Informationsreisen in die DDR sind notwendig und anzubieten. Wiederbegründung der Universität Frankfurt (Oder) ist von der LM zu fördern. Heimattreffen sollten in der alten Heimat stattfinden, Partnerschaften mit ostbrandenburgischen Städten sind anzustreben, Spendenaktion für Gedenkstein Gustav Büchsenschütz soll beginnen.

Als Erstes mußte eine neue Satzung geschaffen werden. Dies geschah am 23.9.90 in Heilbronn, der Partnerstadt von Frankfurt an der Oder, auf dem „Tag der Berlin - Brandenburger.“

Die Satzungsänderungen hatte ich ausgearbeitet. Der Auffassung, alle sollten sich an der Neuformulierung beteiligen, ist kein Vorstandsmitglied und kein Delegierter gefolgt.

Wir konnten nicht mehr den hehren Grundsatz in der Satzung behalten, der hieß: „Wir sind die Sprecher derer, denen das Sprechen verboten ist. Denn das Land Brandenburg war wieder erstanden, die Brandenburger wählten ihre Kommunalparlamente und das Landesparlament in freier und geheimer Wahl. Ihnen war das Sprechen, ja das Regieren nicht mehr verboten.

Da stand Freiherr von Bodenhausen auf und meinte ernsthaft, aber für die ostbrandenburgische Heimat müßte dieses Prinzip erhalten werden. Das war schon kurios. Denn auch in Polen wurden die Parlamente inzwischen frei gewählt, und es gab kaum noch Deutsche in Ostbrandenburg, aber wo es sie gab, hatten sie Wahlrecht.

Dann lief die Debatte ziemlich glatt. Da tauchte der Stellvertretende Bundessprecher Gerhard Dewitz auf, Sprecher des Rechtsaußen - Flügels der Landsmannschaft. Er polemisierte gegen meinen Eingangssatz, die Landsmannschaft sei der große Heimatbund Brandenburgs. Wie er mit seiner Polemik Gehör finden konnte, damit verzichteten wir auf unsere Heimat, ist nur psychologisch erklärbar. Die Vertreibung ist eine bleibende Wunde. Wem es gelingt, polemisch „Salz in die Wunde zu streuen" der gewinnt auch sonst sehr vernünftige Delegierte für sich. Also fand der erste Grundsatz keine Mehrheit. Der Stellvertretenden Bundessprecherin, Dr. Hannemarie Condereit, die die Sitzung leitete, flüsterte ich zu, falls meine inhaltlichen neuen Bestimmungen weiterhin auf so polemische Weise zu Fall gebracht würden, stünde ich auf und ginge ohne ein Wort. Dieser Fall aber trat nicht ein. Meine Texte wurden – bis auf den ersten Satz – alle akzeptiert und die neue Satzung beschlossen. Wir konnten eine zukunftsträchtige Arbeit beginnen.

Die Reden von Ministerpräsident Späth und Bundessprecher Bader

Die verständnisvolle Rede von Ministerpräsident Lothar Spät mit Lob für unsere Arbeit tat gut. Er sagte, wir müßten nun eine Aufgabe übernehmen, die Verzicht bedeute aber zugleich eine Chance darstelle, nämlich eine Chance des Brückenbaus zum Osten. Das Land wolle helfen, die Pflege unserer deutschen und europäischen Kultur weiter zu betreiben. Wir sollten auch erhalten, was damals war. Und Zeugnis geben von der großen Gemeinsamkeit der Geschichte der Deutschen und Polen, und das deutsch – polnische Verhältnis gestalten, für eine gemeinsame Zukunft.

Meine Idee ein Haus Brandenburg zu schaffen fand Resonanz

Hier auf der Tagung in Heilbronn, der Partnerstadt von Frankfurt (Oder), wurde mein Vorschlag, ein Haus

Brandenburg zu errichten im September 1990 in einer Resolution von allen gebilligt. Der Plan, das Haus in Frankfurt an der Oder, der alten geteilten Hansestadt, die geografisch etwa in der Mitte der Oder Neiße Grenze liegt, einzurichten, hat sich nicht verwirklichen lassen. Die Stadt die nach unserer Vorstellung im zusammenwachsenden Europa einer der wichtigsten Grenzübergänge zwischen West – und Osteuropa werden würde, denn hier führen die Wege von Paris über Berlin nach Warschau und Moskau.

Festgestellt wurde in der Resolution:

Das Haus Brandenburg solle sein eine Stätte des kulturellen Austausches zwischen Deutschland und Polen, zwischen West - und Osteuropa, sowie für die Pflege der Kultur Brandenburgs, einschließlich des ostbrandenburgischen Teils.

Dies solle geschehen durch:

Seminare, Partnerschaftstagungen der Städte, die mit brandenburgischen Städten eine solche Partnerschaft geschlossen haben, Seminare der Häuser des Deutschen Ostens und Häuser der Heimat in der alten Bundesrepublik, Seminare der Europahäuser, Seminare für Jugendliche, Archivleiter, Museumsleiter, Schriftsteller und Journalisten, Folkloreverbänden und Volksliedgruppen.

Zugleich müssen Informations – und Studienreisen in die Neumark und in die Niederlausitz organisiert und begleitet werden.

1. Frankfurt an der Oder, die alte, heute geteilte Hansestadt, liegt geographisch etwa in der Mitte der Oder - Neiße – Linie.

2. Sie wird im zusammenwachsenden Europa der wichtigste Grenzübergang zwischen West – und Osteuropa sein. Die Eisenbahnlinien und die Straßen führen von Paris über Berlin, Frankfurt(Oder), Warschau nach Moskau.

3. Damit liegt Frankfurt(Oder) auch mitten in Europa und könnte zwischen West – und Osteuropa eine europäische Brücke sein.

4. Frankfurt liegt mitten in Brandenburg, ostwärts der Oder liegen die Neumark und Teile der Niederlausitz. Es ist auch für Brandenburg ein wichtiger Ort zur Erhaltung, Pflege und Weiterentwicklung der Kultur der Gebiete ostwärts der Oder im Sinne des §96 BVFG.

5. Deshalb ist in Frankfurt ein Haus Brandenburg zu errichten, als Stätte des kulturellen Austausches zwischen West und Osteuropa, zwischen Deutschland und Polen, sowie für die Pflege der Kultur Brandenburgs, einschließlich des ostbrandenburgischen Teiles.

6. Dies sollte geschehen durch:

   Seminare, Partnerschaftstagungen der Städte, die mit brandenburgischen Städten eine solche Partnerschaft geschlossen haben.

Es ist eine Satzung zu schaffen und ein Kuratorium zu bilden.

Es ist eine Stiftung zu errichten mit einem Kuratorium. Vertreten sein können die Landsmannschaft, die Heimatkreise, die Stiftung Brandenburg, die Stiftung Ostdeutscher Kulturrat, die Stadt Heilbronn, das Haus des Deutschen Ostens Düsseldorf, das neue Land Brandenburg, Berlin, Baden - Württemberg und die großen Stiftungen der Bundesrepublik, wie etwa die Stiftung Volkswagenwerk Es ist ein Förderkreis zu bilden, der für natürliche Personen einen Beitrag von mindestens 1oo Mark vorsieht, für kooperative Mitglieder einen sehr viel höheren Betrag. Außerdem habe ich den Märkischen Fonds für Spenden geschaffen, mit meinem Slogan „Jede Mark für die Mark."

In dem Haus müssen Tagungsräume und die Bibliothek der Landsmannschaft enthalten sein und Räume für Ausstellungen.

Der Weg zur Realisierung war noch recht schwierig, wurde aber energievoll bewältigt.

Vor dem Erwerb des Grundstücks in Fürstenwalde, nachdem der Plan Frankfurt gescheitert war, mußte ich im Stadtparlament Überzeugungsarbeit leisten. Nach meiner Rede und der anschließenden Diskussion stimmte das Stadtparlament zu. Aber der Weg war lang.

Auch nachträglich betrachtet war mein Konzept recht umfangreich und anspruchsvoll. Meine Nachfolger haben kaum etwas davon verwirklicht.

Werner Bader

Dr. Hannemarie Condereit

Günter Kirbach

Wolfgang Behrendt

Gerhard Dewitz

Dieter Lonchat

Ruth Schulz

Willi Pfeifer

Günter Ahrens

Günther Kumkar

Herbert Scheffler

Jan Kosziol

Gustav Büchsenschütz und Werner Bader

Zbigniew Czarnuch

Unvorstellbares wurde Realität: Gedenksteine in der Heimat

„Gedenksteine sind Meilensteine"

Wir begannen in der Tat in der Heimat für die Heimat zu arbeiten. Es entstanden in den nächsten Jahren in 43 Städten der alten neumärkischen Heimat Gedenksteine, Gedenktafeln und Denkmäler zweisprachig, in deutsch und in polnisch. So in Berlinchen, Soldin, Landsberg/Warthe, Züllichau, Arnswalde (zwei), Meseritz. Lippehne, Schwerin/Warthe, Wusterwitz, Drossen, Reppen. *(Vollständige Liste siehe unten.)*

Begonnen hatte dies mit dem Gedenkstein in Berlinchen, einst „Perle der Neumark." Auf dem alten deutschen Friedhof in Berlinchen, fand er seinen Platz. Am 10. Juni 1992 wurde er eingeweiht. Zahlreiche vertriebene Berlinchiner waren in ihre Heimatstadt gekommen, Hunderte von polnischen Einwohnern Barlineks ebenfalls, an der Spitze der polnische Bürgermeister.

Der graue Granitstein schräg von weißen Quarzadern durchzogen, trägt eingemeißelte Buchstaben. Die Inschrift lautet: „Unseren Ahnen, die in dieser Erde ruhen zum Gedenken." Und: „Nicht Du trägst die Wurzeln, sie tragen Dich."

Bei der Feierstunde, im Beisein der polnischen Kirchenvertreter habe ich betont, dieser Gedenkstein sei zugleich ein Meilenstein auf dem gemeinsamen Wege nach Europa. Er werde nicht der einzige bleiben, ihm würden noch viele folgen. Das wurde bezweifelt, erwies sich aber als richtig. Es folgten fast 50.

Hier Auszüge aus meiner Rede:

„Dieser Stein trägt die Inschrift aus dem Römerbrief der Bibel: ‚Nicht Du trägst die Wurzeln, sie tragen Dich.' Erinnern wir uns, wo unsere Wurzeln sind, geistig und seelisch. Bei dieser Besinnung kommen wir schnell zu der Frage, wie und wo ist unsere geistige Begriffswelt geprägt worden. Die Antwort heißt, in der Heimat. Und dabei sind wir nicht nur in der Vergangenheit sondern in der Gegenwart. Einer Gegenwart, die uns historische Veränderungen erleben ließ.

Der Kommunismus, der sogenannte real existierende Sozialismus, ist gescheitert. Er ist von den Menschen weggespült worden. Polen hat dabei einen großen Anteil, der Respekt verdient.

Durch diese historische Tat ist der Weg für eine gute Zukunft zwischen Deutschen und Polen frei. Eine gemeinsame Zukunft ist möglich geworden.

Zu danken ist Heinz Glowacki für die Idee, die Initiative, einen solchen Gedenkstein hier zu errichten. Zu danken ist Ulrich Lange für seine Initiative, den Gänselieselbrunnen in der Stadt wiederherzustellen. Und zu danken ist der Heimatkreisbetreuerin für Soldin, Trude Rendel. Zu danken ist auch dem Bürgermeister von Barlinek und dem Stadtrat, die diese Initiative so mutig unterstützten."

Dann sagte ich einen für mich sehr wichtigen, zukunftsweisender Satz: „Und so ist dieser Stein, den wir heute enthüllen, nicht nur ein Gedenkstein sondern zugleich ein Meilenstein auf dem gemeinsamen Weg nach Europa, dem noch viele folgen werden."

Zu dieser eindrucksvollen Feier hieß Bürgermeister Jozef Wawrzyniak alle herzlich willkommen, "hier, wo viele von Ihnen geboren sind. Ja, wir können sagen, daß es unsere gemeinsame Heimat war. Wir haben schon seit zwei Jahren eine gute Zusammenarbeit mit unseren Freunden, Ulrich Lange und Heinz Glowacki. Aber auch Sie hier sehen wir als Freunde bei uns und wollen uns mit Ihnen noch mehrmals treffen. Manche kennen schon das Wort für den Gedenkstein von den Wurzeln die dich tragen, das wird auf den Stein stehen. Barlinek ist ein schönes Städtchen mit viel Grün und viel Wasser, besonders auch für Leute, die die Natur lieben. Auch kann man Fische fangen und Boot fahren auf dem See."

Meine Antwort: „Herr Bürgermeister, Sie haben eine Formulierung gebraucht, die nicht nur mit dem Verstand aufgenommen wird, sondern auch zu Herzen geht. Sie haben gesagt es ist unsere gemeinsame Heimat. Ich glaube, das ist eine Formulierung auf die sich alle, die hier gelebt haben und die hier jetzt leben, verständigen können. Ein solches Wort ist sehr viel mehr Wert als etwa große Worte über das Vereinte Europa, weil das ein Stück auf dem Weg dorthin ist. Wir freuen uns, daß hier etwas zustande gekommen ist, das außergewöhnlich ist.

Die Aufschrift, die lange zum Nachdenken anregt ‚Du trägst nicht Deine Wurzeln, sie tragen Dich,' haben wir vom Pfarrer aus Drossen, Jan Koziol, der für uns einen deutschen Gottesdienst gehalten hat. Er hatte ihn unter dieses Motto gestellt, aus der Bibel, Römerbrief, Kapitel 11, Vers 18. Die Initiatoren dieses Gedenksteins waren so beeindruckt, das sie es jetzt als Inschrift auf diesen Stein verwenden. Die andere Aufschrift: „Unseren Ahnen, die in dieser Erde ruhen zum Gedenken", Dies ist zunächst einmalig.

Die Heimatkreisbetreuerin für Soldin, Trude Rendel, wies darauf hin, den vertriebenen Berlinchinern werde damit die Möglichkeit gegeben, an einem geweihten Platz ihrer Toten, die sie 1945 zurücklassen mußten, zu gedenken.

Die Reden waren gekennzeichnet von dem Wunsch, die Aussöhnung zwischen dem deutschen und dem polnischen Volk zu erreichen. Die eindrucksvolle Feier wurde vom Kinderchor der Stadt mit polnischen und deutschen Liedern umrahmt. Bewegt waren vor allem die deutschen Teilnehmer, als zum Abschluß das „Vater unser" in deutsch und in polnisch gebetet wurde.

Günter Kirbach schrieb im „Märkischen Informationsdienst": „Wer die Feierstunde in Berlinchen erlebt hat, für den werden manche Diskussionen innerhalb der Gremien der Landsmannschaft noch unwirklicher, als man sie schon seit längerem empfunden hat. Die Zukunft, das hat auch das Ereignis in Berlinchen von neuem deutlich gemacht, liegt in unserer Mitgestaltung der Heimat." Wie recht er hatte.

Der zweite Gedenkstein wurde in Soldin auf dem Friedhof am 12.6.1993 enthüllt,

der dritte In Züllichau auf dem ehemaligen Marien-
friedhof, ebenfalls 1993.

Dr. Gabriel aus Schwiebus leistete gute Hilfe, als Rat-
geber und Dolmetscher.

Dann folgte Landsberg (Warthe), ebenfalls 1993.

Aus meinen Reden: „Solche Gedenksteine mit deutschen Inschriften wird es in Zukunft auch in anderen
Städten der Neumark geben. Und wenn Sie irgendwo
einmal Schwierigkeiten kriegen sollten, trösten Sie
sich, daß Sie die Ersten waren, die dieses deutsch –
polnische Zeichen gesetzt haben. Und wenn wir wei-
tergehen auf dem Weg der gemeinsamen Heimat,
dann müssen wir auch gemeinsam im vereinten Europa landen.“

Am 22.9.1997 wurde ein Gedenkstein in Reppen eingeweiht.

Dies war bereits der 31. Gedenkstein in der Heimat
der vertriebenen Brandenburger. Auch dort hielt ich
die Festansprache. Darin stellte ich fest: „Auch dieser
Stein ist ein Ausdruck europäischen Bewußtseins.“ Ich
darf voll Überzeugung feststellen: Unter der Europa -
Fahne werden wir, der Heimatkreis Weststernberg und
die gesamte Landsmannschaft Berlin – Mark Brandenburg und die Bürger und Politiker Polens weiter für
unsere gemeinsame Heimat am Europäischen Haus
arbeiten.

Wenige Stunden danach fuhren wir zum nahe gelegenen Pulverkrug um dort den Gedenkstein einzuweihen.

Gedenksteine und Gedenktafeln
in deutsch und polnisch

01.	1992	Alt Cüstrinchen	für die Verstorbenen
02	1992	Berlinchen/Barlinek	für die Verstorbenen
03.	1993	Landsberg/ Warthe/Gorzow	für die Verstorbenen
04.	1993	Triebel/Trzebiel	für die gefallenen Turner im 1. Weltkrieg
05.	1993	Kühnau/ Chynow	für Paul Petras
06.	1993	Gerzlow/Jaroslawskio	für die Verstorbenen
07.	1993	Züllichau/ Sulechow	für die Verstorbenen
08.	1993	Züllichau/ Sulechow	für Siegmund Steinbart Waisenhausgründer
09.	1993	Arnswalde/Choszno	für Carl Sonnenburg Widerstandskämpfer
10.	1993	Hohenwutzen	für den Kreis Königsberg N/M
11.	1993	Wardin b. Arnswalde/Wardyn	für die Gefallenen
12.	1994	Soldin/Mysliborz	für die Verstorbenen
13.	1994	Wusterwitz/Ostrowiec	für die Verstorbenen
14.	1994	Wischen/Wyszanowo	für die Gestorbenen
15.	1995	Soldin/Mysliborz	für 120 erschossene deutsche Geiseln
16.	1995	Arnwaldes/Choszno	für die Verstorbenen
17.	1995	Lippehne/Liplany	für die Verstorbenen
18.	1995	SchwerinWarthe/Skwierzyna	für die Verstorbenen

98

19.	1995	Linderode/Lipinki	für die Verstorbenen
20.	1995	Meseritz/Miezyriecz	für die Verstorbenen
21.	1995	Kohlow/Kowalow	für die Verstorbenen
22.	1995	Königsberg NM/Chojna	für die Verstorbenen
23.	1995	Schwiebus/ Swiebodzin	für die Verstorbenen
24.	1995	Lagow/Lagow	für Nobelpreisträger Gerhard Domagk
25.	1995	Zielenzig/Sulecin	Eichenpflanzung
26.	1995	Küstrin/Kostryn	für die Verstorbenen
27.	1995	Groß Särchen	für die Verstorbenen
28.	1995	Guben	für die Verstorbenen
29.	1996	Bernstein/Pelczyce	für die Verstorbenen
30.	1996	Mantel/Metno	für die Verstorbenen
31.	1997	Reppen/Rzepin	für die Verstorbenen
32.	1997	Pulverkrug/Prchowiec	400 Jahre Papierfabrik
33.	1997	Sandow/Sadow	für die Verstorbenen
34.	1998	Ziebingen/Cybinka	für die Verstorbenen
35.	1998	Wildenhagen/Lubin	für die 1945 Verstorbenen
36.	1998	Zielenzig/Sulecin	für die Verstorbenen
37.	1999	Drossen/Osno Lubuskie	für die Verstorbenen
38.	1999	Adamsdorf/Sulimiez	für die Verstorbenen
39.	1999	Kunersdorf	für Ewald von Kleist
40.	1999	Rüdnitz	für die Verstorbenen
41.	2000	Kriescht/Kreszyce	Gedenkstein
42.	2000	Zielenzig/Sulecin	Brunnen für Versöhnung
43.	2000	Plagow/Olawno	Gedenkstein für die Verstorbenen
44.	2000	Gassen/Jasien, Kr.Sorau	Gedenktafel für die Verstorbenen
45.	2000	Benau	Gedenktafel für die Verstorbenen
46.	2000	Neu–Bentschen/ Zbaszynek	für Friedrich Veil

Gedenkstein für Büchsenschütz

Nach längeren Diskussionen hatten die Delegierten meinen Vorschlag akzeptiert, dem Schöpfer der Märkischen Hymne, Gustav Büchsenschütz, am Geburtsorts seines Liedes in Wolfslake - Fehlefanz, einen Gedenkstein zu errichten. Die Skepsis hatte sich gelegt, mit Mühe brachten wir die Mittel durch Spenden auf. Der Standort wurde von der Gemeinde zur Verfügung gestellt. Auf einem Steinsockel hievten wir einen großen Feldstein, einen märkischen Findling, der eine Bronzetafel erhielt, mit den eingravierten Noten und Text der ersten Zeile und dem Hinweis:

„Errichtet von der Landsmannschaft Berlin Mark Brandenburg, Bundessprecher Werner Bader."

Es war der Tag der deutschen Einheit, der 3. Oktober 1991.

An der feierlichen Einweihung nahmen Gustav Büchsenschütz selbst und seine Frau teil. Das Polizeiorchester Frankfurt (Oder) intonierte die „Märkische Heide", die von der großen Festgemeinde begeistert mitgesungen wurde.

Ich hatte die Ehre, Gustav Büchsenschütz die höchste Auszeichnung der Landsmannschaft, die Goldene Ehren - Nadel, zu verleihen.

In diesem Jahr haben auch die Züllichauer – Schwiebuser ihr erstes Heimattreffen in der brandenburgischen Heimat veranstaltet. In Gildenhall bei Altruppin trafen sich, das war die Überraschung, rund 2000

Heimatvertriebene. Zum ersten Mal mit dabei die aus der alten DDR, die bis dahin als „Umsiedler" ihre alte Heimat verleugnen mußten. Die Festrede hielt ich als Bundessprecher.

So unvorstellbar die Errichtung von zweisprachigen Gedenksteinen war, so unvorstellbar auch, daß Polen mit der Silbernen Ehrennadel der Landsmannschaft ausgezeichnet wurden. Die Silberne Ehrennadel erhielten: Jan Koziol, der Pfarrer von Drossen, Ludwig Lange langjähriger Dolmetscher bei allen deutsch – polnischen Tagungen und seit 1994 erstes polnisches Mitglied der Landsmannschaft, Posen, Hubertus Gabriel, 1996, Arzt am Schwiebuser Krankenhaus.

Landsmannschaft hilft bei vielen Projekten

Nicht nur Gedenksteine, Denkmäler und Gedenksteine in deutscher und in polnischer Sprache haben die Heimatkreise der Landsmannschaft in der alten Heimat errichtet: Sie haben auch viele Projekte entwickelt und sie, oft unter Einsatz von erheblichen Mitteln, realisiert. Die Hilfsmaßnahmen begannen im schönen Berlinchen, wo der Gänselieselbrunnen durch Initiative und finanziellen Einsatz von alten Berlinchern restauriert worden ist. Am Tag der Deutschen Einheit, am 3. Oktober 1991 lief wieder Wasser aus allen Rohren. Landsmann Ulrich Lange und sein Sohn Norbert waren mit der Restaurierung fast fertig. Die offizielle Einweihung fand am 12. Oktober anläßlich eines Marktfestes statt.

In Landsberg an der Warthe hatten die alten Landsberger den Wiederaufbau des Wahrzeichens der Stadt erreicht: den Aufbau des Paucksch – Brunnens. Der Unternehmer Paucksch hatte ihn einst gestiftet, einen großen Brunnen mit einer Wassereimer tragenden Frauenfigur, von den Landsbergern „Pauckschmarie" genannt und allegorischen, wasserspeienden Figuren. Er war seit Kriegsende verschwunden. Es hielt sich das Gerücht, die Figur sei für das Siegesdenkmal in Stalingrad eingeschmolzen worden. 100 000 Mark hatten die Landsberger aufgebracht, 20 000 Mark gab es aus der Stiftung Brandenburg. Aber aufgestellt konnte er immer noch nicht werden. Denn die Stadtverwaltung hatte etwas gegen den historischen Namen Pauckschbrunnen. Schließlich wurde er doch erlaubt.

Die Einweihung fand bei sonnigem Wetter am neuen Brunnen statt. Es spielte sogar das brandenburgische Landespolizeiorchester aus Potsdam. Aber meinen Wunsch, auch die „Märkische Heide" zu intonieren, konnten sie nicht nachkommen, das hatten sie „nicht drauf". Noch nicht. Nach dem Festakt wurden Stadtplaketten verliehen, als Bundessprecher und Vorsitzender der Landsmannschaft bekam ich auch eine.

Auch die Renovierung der Lutherkirche in Landsberg hat die Stiftung Brandenburg mit 20000 DM unterstützt.

Und in Drossen hat sie für die Renovierung der Kirchturmuhr an der ehrwürdigen Jakobikirche 12000 Mark zur Verfügung gestellt, damit die Zeit nicht stehen bleibt. Für die Sauerorgel habe ich über die deutsch – polnische Stiftung mitgewirkt, die notwendigen 30.000 Mark aufzubringen.

In Schwerin an der Warthe hat der Heimatkreisbetreuer Willi Pfeiffer viertausend deutsche Bücher der Stadt übergeben. Sie erhielten im alten Gymnasium, Pfeiffers alter Schule, einen eigenen Raum. Auf meinen Vorschlag heißt sie "Willi Pfeiffer Bibliothek."

Das zweifellos größte Projekt war der Wiederaufbau der kriegszerstörten Marienkirche in Königsberg/N/M. Günther Kumkar, Architekt, hatte die Idee und war der Motor. Er stellte die Kontakte zu polnischen und deutschen Kirchenbehörden und der Verwaltung in Königsberg her. Auf beiden Seiten mußte er große Hürden überwinden, die größten aber bei seinen eigenen Landsleuten. Kern des Widerstandes: Die Polen haben uns unsere Heimat gestohlen, nun sollen Sie auch was sie übernommen haben selbst erhalten. Mein Gegenargument: Die Kirche ist ein europäisches Bauwerk und zugleich ein Stück unserer Heimat, wollen wir zuschauen, wie unsere heimatliche Kultur untergeht?

Langsam begann die Unterstützung der Landsleute, ein Förderverein wurde gegründet. Jugendliche aus Deutschland und Polen räumten die Trümmer auf.

Dann gab es einen ersten oekumenischen Gottesdienst in der Trümmerkirche, die kein Dach hatte. Ein Notaltar war aus den Trümmersteinen errichtet worden. Der katholische polnische Bischof aus Stettin und der deutsche evangelische Superintendent aus Eberswalde predigten beide vor den alten Königsbergern und den jetzigen Einwohnern der Stadt. Als Bundessprecher sprach ich an diesem Notaltar. Ich stellte fest, wir erlebten hier ein Mirakel. Der polnische Bischof umarmte mich mit den Worten: „Haben Sie gehalten sehr gute Rede", der deutsche Superintendent schwieg.

Es war eine ergreifende Stunde.

Inzwischen ist das Dach gedeckt, der Turm aufgebaut. Er war mit seinen 102 Metern Höhe immer ein Wahrzeichen der gesamten Region. Hier habe ich 1941 auf der Flugzeugführerschule A/B 12 meine fliegerische Ausbildung begonnen.

Der Heimatkreis Landsberg brachte 1991 fünf Transporte mit Medikamenten für die Krankenhäuser und Hilfsgüter für das Waisenhaus, bis hin zum Kinderspielzeug, nach Gorzow. Es waren immerhin 8 Tonnen

Aber auch Bundesgeschäftsführer Günter Kirbach war mit Spenden in der Neumark unterwegs, mit einem Kleintransporter, mit Kleidern und Bücher, die von Pfarrer Kosziol in Drossen mit Freude und Dank empfangen wurden. In Drossen tagten auch die ehemaligen Schüler der Staatlichen Oberschule (Aufbauschule) Einer der Höhepunkte war die Ansprache des Pfarrers der Jakobikirche, Jan Koziol, der sagte, "Wir wollen in die Zukunft schauen. Im europäischen Haus wird es keine Grenzen geben. Drossen und Brandenburg sind und bleiben ihre Heimat. Der Direktor und ich rufen ihnen zu, kommen Sie bald wieder.

Jan Koziol sprach in sehr persönlichen Worten zu den Gästen und dankte insbesondere Wolfgang Kelsch und Werner Bader für die materielle Unterstützung, die sie den Schülern und Einwohnern von Osno bereits zuteil werden ließen. Als Gastgeschenk überreichte Gerhard Messow der Schulleitung eine Geldspende der Ehemaligen für die Intensivierung des Deutsch – Unterrichts. Die Spende hatte ich angeregt.

Gute Kontakte zu den Polen in der Neumark entwickelten fast alle Heimatkreise: voran zwischen dem Heimatkreis Königsberg N/M und Chojna, Kostryn, Schwerin/Warthe und Skwierzyna, Soldin Mysloborz und Berlinchen/Barlinek, Weststernberg, Arnswalde, Züllichau – Schwiebus, Meseritz, Sorau mit ihren polnischen Partnern.

Wieder soll Günter Kirbach zitiert werden: „Es ist unwahrscheinlich, mit wieviel Engagement und Zielstrebigkeit Heimatkreisbetreuer und Mitarbeiter neue Wege beschreiten. Sie sind auf dem Wege in die alte Heimat, auf dem Wege in eine europäische Zukunft, in der auch die Neumark mit ihrer deutschen Geschichte wieder ihren Platz einnehmen wird."

Es kamen zahlreiche Briefe aus der Neumark: Aus Schwerin: „Vor Freude habe ich geweint, 72 Jahre alt.". - „Wurde schon mal nachts überfallen, 71 Jahre." - „Werner Bader, spreche ich zur Verleihung des Großen Bundesverdienstkreuzes der Bundesrepublik Deutschland meine herzliche Gratulation aus."

Das Sozialwerk leistete Starthilfe für Deutsche aus Arnswalde, die in die Bundesrepublik übergesiedelt waren. Veranstaltet wurden zahlreiche deutsch – polnische Jugendfreizeiten im Bundesland Brandenburg. Immer wieder wurden Kleiderspenden in die Neumark gebracht.

Das Sozialwerk ist zum 31 Dezember 2006 aufgelöst worden. Das Amtsgericht Frankfurt(Oder) hat diese Auflösung unter dem 11. Mai 2007 beurkundet. Vermögen war nicht mehr vorhanden.

Die Landsberger tagen in ihrer Heimat

Die Delegiertentagung der Bundesarbeitsgemeinschaft Landsberg/Warthe fand zum ersten Mal am 17. Oktober 1993 in Gorzow, in ihrer Heimatstadt statt.

Die Gedenktafel für Carl Sonnenburg wurde im November 1993 in Arnswalde errichtet als sichtbares Zeichen, daß es während der Aera Hitlers auch ein anderes Deutschland gab. Willi Hein war der Anreger. Die Stellvertretende Bundessprecherin Dr. Hannemarie Condereit hielt die Einweihungsansprache. „Deutsche und Polen haben aus der Erkenntnis, daß totalitäre Regime gegen die Menschenrechte, gegen die Humanität handeln, wenn es ihrer Ideologie und der skrupellosen Machterhaltung dient, den festen Willen gewonnen, nie mehr Diktatoren Macht einzuräumen. Beide Völker wollen in Frieden Verständigung und Versöhnung suchen, wollen gutnachbarlich zusammenleben im gemeinsamen Haus Europa in Demokratie und Freiheit. Ständiger Kontakt mit der „Soziokulturellen Gesellschaft" der deutschen Minderheit fand statt. Die polnische Stadtverwaltung zeigte zunächst Zurückhaltung gegenüber allem, was „Landsmannschaft" heißt." In Gesprächen mit dem Bürgermeister konnte auch für den Heimatkreis Arnswalde die Atmosphäre positiv beeinflußt werden.

In Wardin, in der Nähe von Arnswalde, wurde ein deutscher Gedenkstein für die Gefallenen im Ersten Weltkrieg 1914 –18 wieder aufgestellt.

Der Heimatkreisbetreuer für Crossen, erhielt einen Dankesbrief vom katholischen Pfarrer, Crosnos, mit dem Dank für einen Betrag von 3.500 DM für Arbeiten am Kirchturm. Das sind nur einige Informationen.

Besuch in Königsberg: „Wir sind hier zu Hause"

Wir mußten, so meinte ich, über die Oder, in die alte Heimat gehen. Ungläubig schauten mich die Heimatkreisbetreuer an. Einige meinten; ob sie zu denen fahren sollen, die uns die Heimat geklaut haben? Die wollen uns außerdem gar nicht sehen, war ein anderes Argument. Ich konnte sie soweit überzeugen, daß die Reise zustande kam. Über dreißig Mann. Im Bus fuhren wir über die Schwedter Brücke in die Neumark. Es war der Beginn der dreitägigen Tagung der Heimatkreisbetreuer, die mehrere Höhepunkte hatten.

Wir fuhren nach Drossen. Jeder mußte ein Obolus mitbringen. Von Pfarrer Jan Kosziol, wurden wir freundlich im Pfarrhaus empfangen. Da er ein oberschlesischer Deutscher war, hatten wir bald Gemeinsamkeiten. Wir besuchten die gotische Jakobikirche und Kosziol predigte in deutsch. Nicht nur wir waren bewegt. Er mußte längere Zeit knien, um seiner Bewegung Herr zu werden. Als der gemeinsame Gesang „Großer Gott wir loben Dich" in der gotischen Kirche erklang, konnte keiner seine Rührung verbergen.

Nach dem Gottesdienst saßen die Heimatkreisbetreuer im Pfarrhaus mit Koziol bei einem Imbiss zusammen. Ich hatte dringend dazu aufgefordert, für das neue Pfarrzentrum Bettzeug und Decken mitzubringen oder eine Geldspende zur Verfügung zu stellen. Die Vorsitzende der Arbeitsgemeinschaft der Heimatkreisbetreuer, Dr. Hannemarie Condereit, übergab diese Spende dem Pfarrer, sie hatte von einem Pfarrer in Münster außerdem ein katholisches Meßgewand mitgebracht. Der Bürgermeister von Drossen, Pilimon, war bei der Zusammenkunft anwesend und lud die Heimatkreisbetreuer in das neugotische Rathaus ein, in dem auch zu deutscher Zeit der Bürgermeister saß.

Dann ging die Fahrt nach Chojna/Königsberg. Dies war ein weiterer Höhepunkt der Tagung. Wir wurden vom Bürgermeister Stanislaw Gralak und sechs seiner Ratsmitglieder im alten deutschen, gotischen Rathaus zu Kaffee und Kuchen empfangen. Ein seltsames Gefühl stellte sich bei den Besuchern ein. Die bisher als Revanchisten beschimpften Mitarbeiter der Landsmannschaft wurden nun feierlich empfangen. Es war der erste offizielle Empfang der Landsmannschaft durch einen polnischen Bürgermeister in Ostbrandenburg. Vor dem Rathaus wehten aus diesem Anlaß neben der polnischen auch die deutsche und die Europa Fahne.

Der Bürgermeister führte aus: „Fast 50 Jahre haben wir hier unter kommunistischen Totalitarismus gelebt. Wir möchten, was die Solidarnosc in unserem Lande angefangen hat, weiter entwickeln und endlich zum richtigen System kommen, genau, wie jenseits der Oder. Wir brauchen eine richtige Zusammenarbeit.

Unser ganzes Bemühen setzen wir auf Arbeit, Anstrengung und Weiterentwicklung. Die Oder – Neiße - Grenze soll eine Grenze der Freundschaft und eine offene Grenze sein. Sie sind hier herzlich willkommen, und sie sollen sich hier fühlen wie zu Hause Und nicht wie ein Gast, sondern als bester Freund."

Ich überlegte vor meiner Antwortrede: Diese Formulierung bot mir eine interessante Antwort, allerdings eine, die eine Gratwanderung darstellte.

Ich begann auf seine allgemeine Aussage zu antworten: „Wir haben zwei Ebenen, die große europäische und die heimatliche. Auf der europäischen Ebene sind wir sicher sofort einig. Es gibt ein Zitat aus einer Rede vom tschechoslowakischen Außenminister Jiri Dienstbier. Er hat gesagt: ‚Der Weg der Tschechoslowakei nach Europa führt über Deutschland.' Ich glaube, das stimmt auch für Polen, daß der Weg über die Nachbarschaft mit Deutschland nach Europa führt. Wenn das so ist, dann gibt es nur eine Möglichkeit, daß Polen und Deutsche kooperieren und zusammenarbeiten. Eine erste Strecke des Weges ist zurückgelegt. Vielleicht können sie nachempfinden, was das für uns für ein Gefühl war, als wir in Frankfurt über die Brücke gefahren sind, und niemand auf deutscher und polnischer Seite unsere Pässe sehen wollte. Viele von uns die schon die zweifelhafte Ehre hatten, daß bei einem Besuch in einer Stadt der polnische Geheimdienst hinter ihnen her war, immer auf der Spur, ob wir auch nicht Feinde sind. Aber, es herrscht sicher Übereinstimmung, daß dieses Vereinte Europa keine Grenzen kennen darf. So gehe ich soweit, zu sagen, daß Grenzen nicht nur Grenzen der Freundschaft sein müssen.

Sondern sie müssen überhaupt nur noch Verwaltungs-
linien sein. Herr Bürgermeister, damit stimmen wir eu-
ropäisch überein. Auf der Ebene darunter, im menschlichen, bin ich mir nicht sicher."

Dann wagte ich meine Gratwanderung: „Herr Bürgermeister, ich habe mit großer Freude im Herzen Ihr
Wort gehört: Seien Sie nicht hier wie fremde Gäste,
fühlen sie sich wie zu Hause. Viele von uns sind hier
zu Hause, sie sind hier geboren, hier groß geworden
und nennen das ihre Heimat." Ich verwies dann auf
einen Landsmann, der von seinem Sitzplatz am Tisch
aus durch die Fenster sein Geburtshaus sehen konnte. Und ich fügte hinzu: "Ich habe in dieser schönen
Stadt Königsberg mit meiner fliegerischen Ausbildung
begonnen, hier bin ich zum ersten Mal in die Luft gegangen, andere Landsleute sind in der Umgebung zu
Hause. Wir haben heute in Drossen vom Pfarrer das
schöne Bibelwort gehört Nicht wir tragen unsere Wurzeln, die Wurzeln tragen uns. Diese Wurzeln, die uns
tragen sind die Heimat."

Ich hatte kaum geendet da liefen die Stadträte mit
dem Bürgermeister zusammen in eine Ecke und tu-
schelten heftig. Wir warteten gespannt in der Unge-
wissheit was nun kommen würde. Die Überraschung
war groß: Der Bürgermeister sagte: "Sie haben recht,
wo man geboren ist, wo man seine Jugend verbracht
hat, das ist Heimat. Es ist auch Ihre Heimat."

Die Gratwanderung war gelungen und hat uns ein
Stück vorangebracht.

Deutsch polnische Tagungen:
Ein epochales Ereignis.

Zu der neuen Politik gehörten auch die Deutsch – polnischen Tagungen, die ich gegen zahlreiche Widerstände durchsetzte. Sie wurden von der „Zementfraktion" in der Landsmannschaft bekämpft. Diese Tagungen standen unter dem Motto: „Deutsche und Polen auf dem Weg nach Europa."

Sie begannen 1992 in Drossen, wo ich zur Schule gegangen bin, in der Pfarrei bei Pfarrer Jan Koczioł. Sie wurden 1993 in Fünfeichen, 1994 in Landsberg/Warthe und 1995 in Guben fortgesetzt. Schließlich noch einmal in Drossen 1996.

1992 - 18. bis 21. November, Drossen/ Osno „Deutsch - polnische Zusammenarbeit"

1993 - 08. bis 10. November, Fünfeichen bei Eisenhüttenstadt „Deutsche und Polen auf dem Weg nach Europa."

1994 - 28. bis 31.Oktober, Landsberg/ Gorzow „Europa und die Nationalitäten" Der polnische Stadtpräsident hat von sich aus die Übernahme der Schirmherrschaft angeboten (!)

1995 – 29.9. 31. Oktober, Guben, „Kontakte über die Grenze"

1996, 27 bis 29.September, Drossen/Osno „Die deutschen Heimatvertriebenen und die Landsmannschaften"

1998 - 04. bis 06. Dezember, Fürstenwalde „Bilanz, Ausblick, Probleme"

Die Grundsatzreferate hielt jeweils ich.

In Drossen kamen 20 deutsche und 15 polnische Teilnehmer zusammen.

Die Teilnehmerzahlen verdoppelten sich sehr schnell.

Die Texte der Reden und der Verlauf der Tagungen müssen in der besonderen Broschüre nachgelesen werden.

Diese bilateralen Tagungen dürfen in der damaligen Zeit schon als epochale Ereignisse bezeichnet werden. Aber die veröffentlichte Meinung in Deutschland nahm keine Notiz davon, nicht einmal die Vertriebenenpresse und der „Deutsche Ostdienst" vom BdV.

Der schwierige Weg zum „Haus Brandenburg"

Im Vorstand überwog zunächst die Skepsis, als ich schon 1990 meine Idee vortrug ein „Haus Brandenburg" zu errichten. Längst nicht alle begeisterten sich an dieser großen Idee, die ich „unsere Jahrhundertaufgabe" nannte, sondern fragten: „wie willst Du das bezahlen?" Es mußte erst lange diskutiert werden, daß dies nur gelinge, wenn sich jeder frage, wie können wir das gemeinsam bezahlen. Da gab es einen guten Ansatz. Die vom Sozialwerk gebauten Wohnungen in Hechingen waren zwar gefragt und alle vermietet, aber dort wohnten nicht Brandenburger. Also konnten wir dies alles verkaufen. Und das ging, wenn wir das Sozialwerk auflösten, denn dann, so stand es in der Satzung, fiel das Vermögen an die Landsmannschaft. Aber außer mir hatte die Satzung offenbar niemand gelesen.

Die wenigen korporativen Mitglieder des Bundessozialwerkes traten in Hechingen, neben der Wohnanlage zusammen. Mein Vorschlag der Auflösung löste starken Widerstand aus. Es gelang mir, klar zu machen, daß dann der Landsmannschaft das Geld zufließe, das für die Errichtung des Hauses Brandenburg verwendet werden könne. Ohne dieses Geld sei die Verwirklichung nicht möglich. Nach der Auflösung gingen wir zum Mittagessen. Ich bat dann zu einer neuen Zusammenkunft und übernahm die „Geschäftsführung durch eigenen Auftrag." Ich stieß auf völliges Unverständnis, als ich die Neugründung eines Sozialwerkes mit Sitz in Frankfurt (Oder) vorschlug. Eine Satzung hatte ich vorbereitet. Es wurde unter neuem Namen gegründet.

Beim Verkauf der Immobilie in Hechingen hatte sich Günter Kirbach große Verdienste erworben, dies brachte uns immerhin 1,2 Millionen Mark ein. Ein unverzichtbarer Grundstock für das Haus Brandenburg, das ohne diesen großen Betrag nicht hätte realisiert werden können.

Dann habe ich eine große Spendenaktion ins Leben gerufen. Das war wieder nicht einfach, denn wir brauchten die Adressen der Mitglieder in den Heimatkreisen, weil alle den Spendenrufruf, den ich formulierte, erhalten sollten.

Bis auf den Heimatkreis Soldin beteiligten sich alle daran. Die Heimatkreisbetreuerin, Ingrid Schellhaas, fand, mein Aufruf sei nicht gut formuliert, sie wolle für ihre Landsleute selbst einen Text verfassen.

Hier das Ergebnis:

Die Mitglieder der Heimatkreise spendeten

Heimatkreis/Landesverband	Betrag	Prozent vom Gesamtaufkommen
1. Züllichau – Schwiebus	116.707 DM	25,01 %
2. LV Berlin	61.238 DM	13,13 %
3. Arnswalde	55.680 DM	11,93 %
4. Oststernberg	32.514 DM	6,97 %
5. Schwerin/Warthe	17.369 DM	3,72 %
6. Lebus	16.970 DM	3,64 %
7. Ruppin	15.230 DM	3,26 %
8. Hamburg	13.383 DM	2,87 %
9. Prenzlau	9.221 DM	1,98 %
10. Hessen	8.990 DM	1,93 %
11. Landsberg/Warthe	7.650 DM	1,64 %
12. Weststernberg	6.805 DM	1,46 %
13. LV Baden - Württemberg	6.677 DM	1,43 %
14. Soldin	5.705 DM	1,22 %
15. Königsberg N/M	5.385 DM	1,15 %
16. Templin	4.251 DM	0,91 %
17. Crossen	3.300 DM	0,71 %

18. LV Schleswig – Holstein	2.600 DM	0,56 %
19. Guben	2.327 DM	0,50 %
20. Frankfurt(Oder)	2.200 DM	0,47 %
21. Niedersachsen	1.970 DM	0,42 %
22. Nordrhein – Westfalen	1.500 DM	0,32 %
23. Forst	1.220 DM	0,26 %
24. LV Sachsen	600 DM	0,13 %
25. Friedeberg	510 DM	0,11 %
26. Meseritz	400 DM	0,09 %
27. Sorau	250 DM	0,05 %
28. LV Bayern	100 DM	0,02 %
Andere Spender	65.804 DM	14,11 %
Gesamtaufkommen	**466.556 DM**	

Soldin also weit abgeschlagen mit ganzen viereinhalb Tausend Mark.

Die Stellvertretende Bundessprecherin, Dr. Hannemarie Condereit, lag mit ihrer eindrucksvollen Spende an der Spitze der Einzelspender mit 10.000 DM.

Eine Reihe von Landsleuten haben Spenden von 5.000 DM aufgebracht, also mehr als fünf Heimatkreise zusammen.

Siegfried Adam, Irene Schulz, Leo Zerbe Züllichau - Schwiebus, Werner Otto Prenzlau, Frau Dr. Kiekebusch, Fritz Mörke, Arnswalde, Günter Kupke, Oststernberg. 13 Landsleute waren mit 1.000 DM dabei.

Gesamtkosten Haus Brandenburg:
Eine Millionneunhundertfünfzehn Mark

Die Gesamtkosten für das Haus Brandenburg beliefen sich auf 1. 915716 DM

Die wichtigsten Kosten:

Grundstückserwerb	476.743 DM
Baukosten	1.252.031 DM
Baunebenkosten	38.824 DM
Kosten für Arbeiten	15.703 DM
Umzugskosten	10.232 DM
Einrichtung	122.183 DM

Als das Haus Brandenburg endlich realisiert werden konnte, schrieb Günter Kirbach im „Märkischen Informationsdienst": Keiner ahnte, wie lange es bis zur Verwirklichung dauern wird und mit welchen Problemen wir zu kämpfen haben. Vom Frankfurter „Kettenhaus" über das „Schloß Rosengarten" bis hin zum Neubau in Fürstenwalde – so steinig war der Weg und nun ist er freigeräumt. Der Kaufvertrag mit der Stadt wird in den nächsten Tagen „eingefahren."

Der Weg war gepflastert mit Hoffnungen, Versprechungen und Enttäuschungen, Visionen und harter Realitäten, Wagemut und Risikobereitschaft, Vernunft und Verantwortungsgefühl, Hilfen und Hemmnisse. Große Probleme in Frankfurt. Dann der Traum vom Rosengarten. Menschliche Enttäuschungen. Wieder aufgerafft und neu konzipiert. Finanzielle Absagen aus Potsdam und Bonn. Kontroverse Diskussion und Zusammenraufen – das alles kennzeichnet diese Zeit bis zum 11. Juli 1998. Nun ist es soweit."

Grundsteinlegung Haus Brandenburg

Die Grundsteinlegung Grundsteinlegung für das „Haus Brandenburg" in Fürstenwalde, fand am 4.12.1998 statt. Zu den drei Hammerschlägen zitierte ich den Text der eingemauerten Urkunde:

Möge das Haus Brandenburg ein brandenburgisches Zentrum sein.

Möge das Haus Brandenburg dafür sorgen, daß 800 Jahre deutscher Geschichte und Kultur ostwärts von Oder und Neiße nicht in das schwarze Loch des Vergessens fallen.

Möge das Haus Brandenburg mit seiner Arbeit Brücken über Oder und Neiße schlagen und der Verständigung zwischen Polen und Deutschen dienen.

Dies ist der Wunsch der Landsmannschaft Berlin – Mark Brandenburg.

Die Feier war eindrucksvoll, hat die Beteiligten befriedigt. Sie ging nach kurzer Zeit mit kurzen Reden von mir und des Stellvertretenden Bürgermeisters der Stadt Fürstenwalde, Hengst, zu Ende. Die Verträge für das Fertighaus waren unterzeichnet. Der Bau konnte beginnen, Das Kellergeschoß wuchs fast ebenso schnell wie der Fertigbau selbst.

Die Jahrhundertaufgabe wurde Wirklichkeit
Feierliche Einweihung des „Hauses Brandenburg"

Nach der Grundsteinlegung wuchs also das „Haus Brandenburg" sehr schnell. Es war ja längst bis in alle Einzelheiten geplant. Die Wände wuchsen quasi über Nacht. Die Fenster wurden eingesetzt. Das Dach aufgesetzt.

Dann folgte die Einrichtung. Die Geschäftsstelle der Landsmannschaft aus Stuttgart zog nach Fürstenwalde um, natürlich die Stiftung mit ihrer Bibliothek auch. Sie kamen nun in die brandenburgische Heimat. Günter Kirbach und Christian Assenbaum arbeiteten ohne Feierabend. Sie haben die schwierige Aufgabe in kürzester Zeit bewältigt und alle Probleme gelöst. Und das waren nicht wenige. Die Stellvertretende Bundessprecherin Dr. Hannemarie Condereit half, wo sie konnte, selbst als Putzfrau im Hause.

Ich konnte noch als Zugabe zwei Fahnenmasten organisieren, damit wir zur Eröffnung nicht nur die Fahne der Bundesrepublik sondern auch die rote Adler – Fahne Brandenburgs hissen konnten.

Es gelang mir, nach ziemlichen ausdauernden Mühen, die Zusage von Ministerpräsident Manfred Stolpe für die Einweihung zu erreichen. Das hatte zur Folge, daß sich auch sein Stellvertreter, Innenminister Jörg Schönbohm, von der CDU, bemühte, dabei zu sein. Ich hatte nichts dagegen. So hatten wir die beiden

Spitzenpolitiker des Landes Brandenburg an diesem Tage bei uns.

Das Festprogramm wurde festgelegt

Am 25. Juli 1999 um 11.00 Uhr begann die Feier im Multifunktionsraum im Haus Brandenburg.

Zum Auftakt erklang „Märkische Heide, märkischer Sand."

Dann ging es so weiter:

Ansprache
Werner Bader
Bundessprecher der Landsmannschaft Berlin – Mark Brandenburg

Festansprache:
Dr. Manfred Stolpe, Ministerpräsident des Landes Brandenburg

Grußworte:
Ulrich Hengst, Stellvertretender Bürgermeister von Fürstenwalde
Staatssekretär Willi Stächele, Patenland Baden - Württemberg
Minister a.D. Konrad Grundmann, Vorstandsvorsitzender der Gerhart Hauptmann Stiftung, Düsseldorf.

Mit dem gemeinsamen Gesang der Nationalhymne klang die Feier aus.

Danach besichtigten die Teilnehmer die Ausstellung: „Steige hoch, du roter Adler Brandenburgs Landeshymne ist 75 Jahre." Die Schirmherrschaft hatte Ministerpräsident Dr. Manfred Stolpe übernommen.

Anschließend Empfang mit rustikalem Büfett

Dann kam der große Tag der Eröffnung und Einweihung, der 25. Juli 1999.

Die Fahnen wehten, die Ehrengäste hatten Platz genommen und Ministerpräsident Manfred Stolpe fuhr vor.

Ich begrüßte ihn, wie es protokollarisch korrekt war, vor dem Haus. Stolpe stieg aus, schaute sich das Haus an, sagte Lobendes und meinte in dem Dreieck – Giebel über dem Eingang sehe es aber noch so leer aus. Meine Antwort: „ Dort soll der Rote Adler hinkommen, den wir als Stiftung von Ihnen erbitten." Stolpe sagte ohne zu zögern zu. Er hat sein Wort gehalten. So gingen wir in den Saal.

Hunderte von Besuchern hatten sich eingefunden: Landräte und Kommunalpolitiker, Mitglieder der Landsmannschaft aus dem ganzen Bundesgebiet, Gruppen aus der Region, Sympathisanten, Bürger von Fürstenwalde und dem Umland, und polnische Gäste. Soviel Prominenz hatte die Landsmannschaft noch nie zu Gast. Das Streicher – Familientrio Igor Lysenko aus Slubice stimmte auf die Feier ein.

Dann hielt ich meine Rede:

„Sehr geehrter Herr Ministerpräsident, sehr geehrter Herr Minister, sehr geehrte Festgäste, liebe Landsleute,

es ist vollbracht. Das Haus Brandenburg, unser Haus Brandenburg, ist nicht mehr Vision sondern Wirklichkeit. Und dies aus eigener Kraft. Unsere kleine Landsmannschaft, im Vergleich etwa zu Ostpreußen, Pommern oder Schlesien, hat 1,7 Millionen Mark aufgebracht. Unsere Jahrhundert – Aufgabe konnte erfüllt werden. Fast zehn Jahre hat es gedauert. Hindernisse von außen und innen mußten überwunden werden. Umwege waren notwendig. Aber nun steht das Kommunikations - und Kulturzentrum hier in Fürstenwalde an der Spree, in der Parkallee, einem schönen Standort.

In dieser Stunde ist zu allererst Dank zu sagen. Dank allen, die die Errichtung des Hauses ermöglicht haben. Den ostbrandenburgischen Landsleuten gilt unser Dank, die für das Haus Brandenburg über 360.000 Mark gespendet haben, seien es große oder kleine Spenden. Allein 15 Landsleute haben 5.000 Mark gespendet. Ihre Namen sind dort hinten an der Wand in Urkunden dankbar verewigt. Fünf von Ihnen sind heute hier.

die Landsleute, die ich sehr herzlich dankbar begrüße: Waldfried Schnabel und Frau Gislint, Heimatkreisbetreuer für Arnswalde, Wolfgang Beuthan Hamburg, Charlotte Freisel, Berlin, Irene Schulz, Bielefeld.

Den Heimatkreisen und Landesverbänden ist zu danken, die ihre Landsleute zu Spenden aufgerufen haben. Hier steht an der Spitze der Heimatkreis Züllichau – Schwiebus unter der Heimatkreisbetreuerin Ruth Schulz, der allein 114.397 Mark aufgebracht hat. Ruth Schulz kann heute nicht hier sein, denn sie hat in Gildenhall ihr jährliches großes Heimattreffen, auf dem Ministerpräsident Stolpe schon einmal gesprochen hat. Es folgt der Heimatkreis Arnswalde, unter Vorsitz von Waldfried Schnabel, der unter uns weilt, mit 55.420 Mark. An dritter Stelle steht der Heimatkreis Oststernberg, dessen Vorsitzender bis vor kurzem, der hier anwesende Rudi Prestel war und mit seinen Mitstreitern 32.514 Mark sammelte. Danach kommt der Heimatkreis Schwerin mit 17.300 Mark

Bei den Landesverbänden liegt Berlin an der Spitze mit 60.000 DM, der Landesvorsitzende Gerhard Dewitz ist unter uns. Herzlichen Dank sagen wir.

Von der bestehenden Stiftung Brandenburg kamen 225.000 Mark

Last but not least ist besonderer Dank zu sagen dem Bundessozialwerk unter seinem Vorsitzenden Günter Kirbach, das aus dem Verkauf von Immobilien 1,1 Millionen Mark für das Haus Brandenburg zur Verfügung gestellt hat. Ohne diese schwierige Arbeit und ohne die daraus fließenden finanziellen Mittel wäre heute alles noch immer Vision. Herzlichen Dank.

Aber auf dem Weg zur Verwirklichung der Vision Haus Brandenburg war nicht nur Geld nötig sondern auch Kreativität, Ausdauer, Einsatz und Arbeit. Auch körperliche Arbeit war gefordert. Hier ist ebenfalls einer Reihe von Landsleuten zu danken. An der Spitze dem Stellvertretenden Bundessprecher Dieter Lonchant, seiner Frau Theresa und seiner Schwägerin Anna Holownia. Dieter Lonchant hat sich große Verdienste erworben bei der Planung des Okal – Fertighauses in dem wir heute sitzen und bei der Inneneinrichtung. Seine Damen haben bei der Einrichtung aktiv mitgewirkt. Die Familie war in der heißen Phase der Einrichtung im Hause über einen längeren Zeitraum von früh bis spät tätig: Auspacken, Möbel zusammenbauen, kurzum, alles was vorkam wurde selbst erledigt. Dafür ist sehr herzlich Dank zu sagen.

Besonders zu danken ist dem Bundesgeschäftsführer und Stellvertretenden Vorsitzenden des Fördervereins Haus Brandenburg, Günter Kirbach, der von Anfang an jeden Schritt arbeitsam begleitet hat und bei der Überwindung jeder Hürde ob objektiver oder psychologischer Natur, tätig dabei war. Dank gebührt auch der Stellvertretenden Bundessprecherin und Vorsitzenden des Fördervereins, Frau Dr. Hannemarie Condereit, die jederzeit einsatzfreudig mitgewirkt hat, ebenfalls über gewisse Zeiten hier wirkte und sogar mit Schrubber und Scheuerlappen zu sehen war, weil sie aus Gründen der Sparsamkeit selbst Hand anlegte.

Danken möchte ich auch der Firma Okal für die gute Zusammenarbeit, an der Spitze Herrn Kreibaum und seinen Mitarbeitern. Außerdem den Fürstenwalder Unternehmen, Architekt Hartmut Thews und den Firmen MAS und dem Landschaftsbau Zaste.

Zu danken ist schließlich den Vielen, die helfend und fördernd tätig waren.

Wir hoffen, sie werden die Mitgliedschaft im Förderverein Haus Brandenburg erwerben und damit auch in Zukunft helfen, das Haus mit Leben zu erfüllen.

Wenn jemand fragen sollte, wofür so großer finanzieller, geistiger und auch körperlicher Einsatz notwendig gewesen ist, so ist die Antwort höchst einfach und ich glaube auch höchst eindrucksvoll.

Das Haus ist ein Ort für brandenburgische Sammlungen, mit dem Schwergewicht Neumark, Grenzmark und östliche Niederlausitz. Wir wollen mit der Schaffung dieses Zentrums verhindern, daß 800 Jahre deutscher Geschichte und Kultur ostwärts von Oder und Neiße in das große schwarze Loch des Vergessens fallen. Dies ist eine gewaltige aber auch faszinierende Aufgabe; mit ihrer Realisierung haben wir bereits auf vielfache Weise begonnen.

Aus Stuttgart sind die brandenburgische Spezialbibliothek mit über 8000 Einheiten, die Dokumentation Brandenburg mit über 10 000 Ansichtspostkarten und DIAS, das Archiv, die Sammlungen, wie die Münzsammlung der Dr. Günther Meinhardt – Stiftung und die Bundesgeschäftstelle der Landsmannschaft Berlin Mark Brandenburg in die märkische Heimat zurückgekehrt. Sie hatten ihren Standort in Stuttgart, weil das Land Baden Württemberg – die Hohenzollern sind von dort hergekommen - die Patenschaft über unsere Landsmannschaft übernommen und uns tatkräftig, selbstverständlich auch finanziell, unterstützt hat. Sie tut dies noch heute in einem bestimmten Rahmen und auch dafür haben wir herzlich Dank zu sagen.

Aber im Haus Brandenburg werden auch Platz finden die Sammlungen der Heimatstuben und kleinen Museen der Heimatkreise, die in den Patenstädten in der alten Bundesrepublik bestehen. Einige Exponate als Leihgaben zeigen wir bereits heute. Es wird also Wechselausstellungen über Regionen, Städte und Dörfer und über Themen geben.

Seminare und Tagungen werden im Haus Brandenburg stattfinden, das dafür allen in Stadt und Land offen steht. Zugleich wird das Haus Brandenburg ein Treffpunkt für die Heimatkreise und Landesverbände der Landsmannschaft und für alle brandenburgischen Landsleute sein.

Dichterlesungen unter dem Stichwort „Wiederentdeckt" und Lesungen von Autoren der Gegenwart werden das Haus interessant machen und Treffen märkischer Maler, von der naiven Volkskunst bis zur Abstrakten - es gibt überraschend viele Talente zu entdecken. Maler, die in der ostbrandenburgischen Heimat malen, finden hier einen Platz in einer zu schaffenden ostbrandenburgischen Galerie. Die historischen Gesellschaften der Bundesrepublik können hier ihre Studienfahrten über die Oder vorbereiten, Stichworte sollen dies andeuten: Kunersdorf und Leuthen, Küstrin und Tamsel. Aber auch Sonnenburg und die Johanniter. Museumsleiter können sich hier zum Meinungsaustausch grenzüberschreitend treffen. Von diesem Haus werden auch Ausstellungen über unsere Themen anderen deutschen Museen angeboten werden.

Die grenzüberschreitende Arbeit wird einen gewichtigen Platz einnehmen. Die Landsmannschaft arbeitet seit der Wende grenzüberschreitend. Wir waren die erste Landsmannschaft, die unmittelbar nach dem Fall der Mauer zu Informationsreisen und Tagungen über die Oder Neiße gegangen sind.

Die Ergebnisse unserer Arbeit können sich sehen lassen. Wir haben bisher 39 Denkmale, Gedenksteine und Gedenktafeln in unserer alten Heimat in deutsch und in polnisch errichtet. Es ist unschwer zu erkennen, daß dies nur in Übereinstimmung und mit Zustimmung der polnischen Bürgermeister und Kommunalparlamente möglich werden konnte. Um einige eindrucksvolle Beispiele zu nennen: die alten Landsberger haben 100.000 Mark für die Wiedererrichtung des Wahrzeichens der Stadt, den Pauckschbrunnen, aufgebracht, die Stiftung Brandenburg hat 20.000 Mark beigesteuert. In der großen Feier hat sogar das Potsdamer Polizeiorchester gespielt, wenn es auch, zu meiner Überraschung, die „Märkische Heide" nicht drauf hatte.

In Königsberg/Neumark haben Aktivisten um den verstorbenen Architekten Günther Kumkar, der aus diesem Kreis stammte, die Marienkirche mit ihrem 110 Meter hohen Turm wieder aufgebaut, auch mit Hilfe der deutsch – polnischen Stiftung.

Wir haben aber außerdem bisher in sechs deutsch – polnischen Tagungen mit polnischen Politikern, Kulturschaffenden, Historikern, Museumsmitarbeitern, Lehrern heiße Eisen diskutiert. Sie standen unter dem Motto: Deutsche und Polen auf dem Weg nach Europa. Wir dürfen diese Seminare als erfolgreich bezeichnen, weil Verständnis auf beiden Seiten geschaffen wurde. Ich erinnere mich noch, daß eine gemeinsame Resolution der ersten deutsch – polnischen Tagung in Drossen /Osno, wo ich zur Schule gegangen bin, an einem einzigen Satz scheiterte, an dem Satz: ‚Der Weg Polens nach Europa führt über Deutschland.' Inzwischen ist er auch von polnischen Regierungschefs ausgesprochen worden und hat keine Brisanz mehr für die polnische Seite. Er ist schließlich auch eine Binsenweisheit. Selbst über das schwierige Thema Vertreibung konnten wir mit unseren polnischen Partnern reden.

Die vielfältige und gute Zusammenarbeit vollzieht sich nach der Formel ‚Für die gemeinsame Heimat arbeiten.' Dies ist auf polnischer Seite akzeptiert, auf deutscher Seite muß man sich aber heute noch, wie ich erlebt habe, öfter sogar rechtfertigen um Verdächtigungen auszuräumen.

Aber, meine Damen und Herren, wer nimmt von dieser grenzüberschreitenden, schwierigen und zugleich erfolgreichen Arbeit Kenntnis? Die deutsche Politik? nein, die deutschen Medien nicht und damit auch die Öffentlichkeit nicht. Dies zu verstehen ist mir bisher nicht einmal als Journalist gelungen, denn die Themen und die so gesuchten Stories mit human interrests bieten sich in Hülle und Fülle an. Offenbar ist nicht erkannt worden, daß mit dieser Arbeit unsere Heimatkreisbetreuer, unsere aktiven Mitarbeiter und zahlreiche Landsleute mehr für das im Entstehen begriffene europäische Haus leisten, als manche Politiker, in deren großen Reden Europa - Phrasen zum Standard gehören.

Von dieser Erfahrung unserer Aktiven wollte bisher noch niemand in Deutschland profitieren, obwohl es sich doch anbietet, daß Politik und Wirtschaft bei grenzüberschreitenden Vorhaben auch den Rat derer nutzen, die Land und Geschichte aber auch die gegenwärtigen Verhältnisse kennen. Auch die Landesregierungen in Deutschland könnten eigentlich auf die Idee kommen, jeweils einen Berater aus dem Kreis der Erfahrenen in Sachen grenzüberschreitende Arbeit hinzuzuziehen. Warum sie es nicht tun bleibt unverständlich.

Grenzüberschreitend kann man nur wirken, wenn es auf der anderen Seite der Grenze Partner gibt. Wir haben sie, wie ich darstellen konnte, gefunden. Das Bemerkenswerte ist, auf unserer letzten deutsch – polnischen Tagung, hier in Fürstenwalde, haben auch die polnischen Partner in einer Resolution die Errichtung des Hauses Brandenburg begrüßt. Denn in diesem Haus können auch polnische Wissenschaftler, Historiker, Journalisten und Archivare arbeiten. Wir bieten Ihnen sogar Übernachtungsmöglichkeiten. Eine Zusammenarbeit mit der bisher in Stuttgart beheimateten Bibliothek, gibt es schon seit Jahren. Unser Bibliothekar, Christian Assenbaum, hat sie aufgebaut und kenntnisreich und einfühlsam gepflegt. Wir konnten bereits brandenburgische Ausstellungen im Museum in Schwiebus in deutsch und polnisch machen. Direktor Nowacki, ein Pionier der deutsch – polnischen Zusammenarbeit, hat es ermöglicht. Der erste Pionier auf dem Feld der deutsch – polnischen Zusammenarbeit,

128

Zbigniew Czarnuch aus Vietz, tätig in Landsberg/Gorzow, dem wir herzlich zu danken haben, wird noch zu uns sprechen.

Wir werden aber auch mit allen in unserem Lande zusammenarbeiten, mit denen eine Zusammenarbeit möglich ist. Mit Museen und Archiven, Sammlungen und Organisationen bis hin zu den Familienforschern.

Gute Erfolge versprechen wir uns von einer Zusammenarbeit mit der wohl größten Einrichtung im Rahmen der Aufgaben des § 96 Bundesvertriebenengesetz, in den Bundesländern, mit der Stiftung Gerhart Hauptmann Haus in Düsseldorf, deren Kuratorium ich seit Jahrzehnten angehöre.

Das Haus Brandenburg steht, aber es muß unterhalten werden. Da wird die Sympathie, auf die wir mit unserer Arbeit bei Bund und Land gestoßen sind, nicht ausreichen. Wir brauchen mehr als moralische Unterstützung. Deshalb haben wir den Förderverein Haus Brandenburg geschaffen, der seine Arbeit aufgenommen hat. Seine Vorsitzende, Frau Dr. Hannemarie Condereit und der Stellvertretende Vorsitzende, Günter Kirbach, nehmen mit großer Freude jede Eintrittserklärung entgegen. Wir freuen uns über jeden Brandenburger, der an der großen kulturellen Aufgabe, der sich das Haus Brandenburg widmet, helfend mitwirkt. Wir wissen, aber auch, daß wir viele Mitglieder aus Politik, Wirtschaft und dem öffentlichen Leben in Bund und Land finden müssen. Wir hoffen, daß uns dies gelingt, denn die Kultur unserer alten brandenburgischen Heimat ist schließlich nicht eine Vertriebenen –

Kultur sondern ein unveräußerlicher Teil der gesamt-brandenburgischen und der gesamtdeutschen Kultur.

Das Haus wird eine Stiftung sein. In Potsdam ist der Antrag auf Genehmigung gestellt, und ich denke, wir werden sie auch bekommen. Der Stiftungszweck ist jedenfalls von der zuständigen Stelle eindeutig bejaht worden. In dem Stiftungskuratorium wünschen wir uns auch die Landräte der Oderregion und die Bürgermeister der geteilten Städte. Aber wir wünschen uns auch polnische Vertreter.

Das Haus Brandenburg steht. Es wird unsere - aber hoffentlich nicht nur ausschließlich unsere – Aufgabe sein, es mit Leben zu füllen, Kultur und Geschichte lebendig werden zu lassen und im Bewußtsein der Brandenburger zu bewahren.

Lassen Sie mich schließen mit dem Wunsch, dem ich dem Haus Brandenburg bei der Grundsteinlegung mit den traditionellen drei Hammerschlägen mit auf den Weg gegeben habe, er soll Grundlage unserer Arbeit bleiben:

Möge das Haus Brandenburg ein brandenburgisches Zentrum sein.

Möge das Haus Brandenburg dafür sorgen, daß 800 Jahre deutscher Geschichte und deutscher Kultur ost-wärts von Oder und Neiße nicht in das große schwar-ze Loch des Vergessens fallen.

Möge das Haus Brandenburg mit seiner Arbeit Brücken über Oder und Neiße schlagen und der Verständigung zwischen Polen und Deutschen dienen."

Nach starkem Beifall trat Ministerpräsident Manfred Stolpe zu seiner Festrede ans Rednerpult:

Es gebe zwei Ereignisse, die integrationsfördernd in Brandenburg gewirkt hätten, sagte er, die Überführung des Sarges von Friedrich dem Großen nach Potsdam und die Heimkehr der Landsmannschaft Berlin – Mark Brandenburg in die brandenburgische Heimat. Stolpe begrüßte diese Rückkehr aus dem bisherigen Patenland Baden – Württemberg. Er würdigte die grenzüberschreitende Arbeit der Landsmannschaft und griff ein Wort von Bundessprecher Werner Bader auf, die 800 jährige deutsche Geschichte und Kultur ostwärts von Oder und Neiße dürfe nicht in das schwarze Loch des Vergessens fallen.

Die Aufgaben, die sich das Haus Brandenburg gestellt habe, seien außerordentlich wichtig, die Landsmannschaft solle weiterhin Brücken bauend tätig sein.

Er sagte auch in seiner Rede die Finanzen für den roten Adler über dem Haupteingang zu und begrüßte das Angebot des Bundessprechers, sich bei politischen und wirtschaftlichen Aktionen sich der Sachkunde der Betroffenen zu versichern.

Da es kein Manuskript der Rede gibt, kann nur aus dem Bericht des „Brandenburg Kuriers" zitiert werden.

Grußworte sprachen auch der Vorsitzender der brandenburgischen CDU, Jörg Schönbohm, Minister a. D. Konrad Grundmann, Vorstandvorsitzender der Stiftung Gerhart Hauptmann – Haus Düsseldorf, der enge Zusammenarbeit in Aussicht stellte, der Stellvertretende Bürgermeister von Fürstenwalde, Ulrich Hengst

Weitere Grußworte gab es die Fülle. Für die Arbeitsgemeinschaft der Heimatkreisbetreuer sprach ihr Vorsitzender Waldfried Schnabel, für den Landesverband Berlin/Brandenburg der Vorsitzende Gerhard Dewitz. In Zusammenhang mit der Übergabe von Geschenken kamen zu Wort: Lothar Meißner, Heimatkreis Züllichau – Schwiebus, Rudi Prestel, Heimatkreis Oststernberg, Gerhard Merten, Heimatkreis Weststernberg, Dr Hannemarie Condereit, Heimatkreis Ruppin und Dr. Günther Meinhardt, der seine Münzsammlung gestiftete hatte.

Mit Inbrunst wurde die „Märkische Heide" gesungen und mit Freude ließen Stolpe, Bader und Frau Irmgard Büchsenschütz Hunderte von Luftballons steigen.

Zu recht titelte der „Brandenburg – Kurier"

„Großer Tag in Fürstenwalde" – „Haus Brandenburg feierlich eröffnet."

„Es war schon ein außerordentlicher Tag in der Geschichte der Landsmannschaft. Die Jahrhundertaufgabe hat sich erfüllt."

Brandenburgische Landesversammlung 1999
Bilanz, Appell und Rücktritt

29.10. – 31.10.99, Fürstenwalde

Drei Monate nach der eindrucksvollen Einweihungsfeier des „Hauses Brandenburg" fand dort die turnusmäßige Delegiertentagung statt. Aber es hatte inzwischen dubiöse Vorgänge gegeben. Der Stellvertretende Bundessprecher, Dieter Lonchant, der mir immer wieder seine Loyalität versichert hatte, mit Erklärungen wie: er wolle treu folgen, wir sollten gemeinsam wirken. Dies alles war hinterhältig falsch. Er hatte hinter meinem Rücken bösartig intrigiert.

Auf dieser Delegiertentagung zog ich eine Bilanz und appellierte an die Delegierten, leider vergeblich. In meinem Grundsatzreferat legte ich dar:

„Wir haben heute wichtige und weit in die Zukunft reichende Beschlüsse zu fassen. Der vom Bundesvorstand mit 8 gegen 3 Stimmen gefaßte Beschluß liegt Ihnen vor. Er weist in die Zukunft, über unsere Lebenszeit hinaus.

Wenige Wochen vor der Jahrtausendschwelle tun wir gut daran. Uns die Frage zu stellen: Wo stehen wir, wohin gehen wir.

Wir müssen auch darüber nachdenken, wie es mit uns weitergeht, denn die Mehrzahl von uns hat das biblische Alter erreicht. Solange uns Gesundheit gegeben ist empfinden wir dieses Nachdenken oft nicht als vordringlich. Das liegt in der menschlichen Natur.

Die menschliche Natur hat es so gut eingerichtet, daß wir kaum oder nie daran denken, daß wir sterblich sind.

Wenn wir aber verantwortlich handeln wollen, dann dürfen wir in diesem Punkt nicht der so verständlichen menschlichen Neigung folgen.

Wir wollen auch in unserem Alter mutig in die Zukunft blicken und alles tun, was in unseren Kräften steht, unsere jahrzehntelange, engagierte Arbeit, unsere kulturelle Arbeit für die Heimat, zu sichern, die viele Heimatkreisbetreuer und ihre Mitstreiter mit so viel Elan, Einsatzfreude und Erfolg seit einem Jahrzehnt, seit der Wende, bis auf den heutigen Tag führen. Möge Ihnen allen, liebe Landsleute, vergönnt sein, noch viele Jahre im gleichen Maße tätig zu sein.

Die nach uns kommen sollen einmal mit Respekt von unserer Leistung aber auch von unserer Weitsicht sprechen. Und um diese Weitsicht geht es heute in einem besonderen Maße. Sie sind aufgefordert, wichtige, weitreichende und in die Zukunft weisende Entscheidungen zu treffen.

Es ist vollbracht, mit diesen Worten habe ich meine Ansprache bei der Einweihung unseres Jahrhundertwerks, des Hauses Brandenburg in Fürstenwalde, begonnen. Allen, die mit ihrer Arbeit dazu beigetragen haben, habe ich darin öffentlich und herzlich gedankt. Mit dieser Einweihung, die Ministerpräsident Manfred

Stolpe vorgenommen und an der der CDU – Vorsitzende in Brandenburg, Jörg Schönbohm, jetzt Minister, teilgenommen haben, haben wir dem Haus Brandenburg den Weg geebnet. Ich sage immer, Stolpe hat das Haus und damit unsere Arbeit quasi „konfirmiert." Ich bin sehr froh, daß meine Bemühungen, Stolpe möge diesen Akt vollziehen, Erfolg hatten. Auf dem Weg dahin mußte ich viele Hindernisse überwinden.

Hier, im Haus Brandenburg, liegt nun das Zentrum unserer Arbeit. Hierauf müssen alle Kräfte gerichtet werden, denn das Haus arbeitsfähig zu machen und mit Leben zu erfüllen, bleibt die Jahrhundertaufgabe unserer Landsmannschaft.

Wenn die Landsmannschaft im biologischen Prozeß schmilzt - die Stiftung Haus Brandenburg bleibt bestehen, auch über unser Leben hinaus.

Machen wir uns nichts vor: Vertriebenen – Nachwuchs gibt es nicht. Die längst erwachsenen Kinder von Heimatvertriebenen, auch die Kinder unserer Amtsträger, konnten selbst von den engagierten Eltern nicht für die Landsmannschaft gewonnen werden. Interessenten für die Organisation Landsmannschaft gibt es im Land Brandenburg auch nicht. Aber für die historische und kulturelle Aufgabe, der sich die Stiftung Haus Brandenburg verschrieben hat, besteht die Chance Interessenten, Mitbürger und Mitstreiter zu finden, die weder Vertriebene sind noch etwas mit ihnen zu tun haben.

Das ist unsere große Hoffnung.

Der erste Abschnitt unserer Jahrhundertaufgabe ist mit der würdigen Einweihungsfeier erfolgreich abgeschlossen worden. Jetzt müssen folgen Abschnitt zwei und drei.

Abschnitt zwei steht heute ganz aktuell zur Debatte. Und Sie sind aufgerufen, eine zukunftsorientierte Entscheidung zu treffen. Es geht um nicht mehr und nicht weniger als um die finanzielle Sicherung des Hauses Brandenburg und seiner Konzeption. Die Phase drei steht dann zur Debatte, auf der von uns schon mehrfach beschlossenen Konzeption Aktionen, Arbeitspläne, Projekte zu entwickeln und zu realisieren. Ich wiederhole bei dieser Gelegenheit meine Erklärung: die Stiftung Haus Brandenburg bringt für uns eine neue Dimension, die auch über unsere Landsmannschaft hinaus reicht. Sie muß sich einbetten in ihr brandenburgisches Umfeld, in das Land Brandenburg, in die grenzüberschreitende Arbeit, in dem im Bau befindlichen europäischen Haus.

Wie war der Ausgangspunkt: Das Haus konnte nur von der Landsmannschaft als einem eingetragenen Verein erworben werden, der auch Rechtsgeschäfte vornehmen kann. Den Grundstückskaufvertrag, den Vertrag über die Errichtung des OKAL – Hauses, die Nebenkosten, alle diese Verträge habe ich als Bundessprecher des Vereins Landsmannschaft auf der Grundlage unserer gemeinsam gefaßten Beschlüsse unterschrieben, denn der Bundessprecher ist nach § 26 BGB und folgende der Rechtsvertreter nach innen und außen.

Wir waren uns im Gesamtvorstand, in den Delegiertentagungen, und in den Heimatkreisbetreuertagungen
von Anfang an darüber im Klaren, daß die Immobilie
von der Landsmannschaft der Stiftung Haus Brandenburg übereignet werden muß. Diese Voraussetzung
habe ich bereits beim Vortragen meiner Idee 1990 geäußert.

Und dies ist immer wieder von den Gremien mit überwältigender Mehrheit, meist einstimmig, beschlossen
worden. Auf der Landesversammlung 1996 haben wir
beispielsweise beschlossen, wenn uns Vermögens-
werte oder Nachlässe angeboten werden, sollen sie
der Stiftung Haus Brandenburg übereignet werden.
Das war wieder einstimmig. Auf der Landesversammlung 1998 haben die Delegierten einmütig die Gründung der Stiftung Haus Brandenburg und den Sat-
zungsentwurf beschlossen. Zugleich wurden bereits
die Vertreter der Landsmannschaft für die Stiftungsor-
gane gewählt. Im Geschäftsbericht ist dies nachzulesen.

Auch dies zeigt, Immer wieder haben wir die Gründung einer Stiftung Haus Brandenburg durch meist
einstimmige Beschlüsse bestätigt.

Selbst im Kaufvertrag für Schloß Rosengarten, hieß es
in der vom Frankfurter Stadtparlament vorgelegten
Beschlußvorlage, der Sponsor sei verpflichtet, das
Haus Brandenburg der neu zu schaffenden Stiftung
Haus Brandenburg zu übereignen.

Nachdem wir nun neun Jahre übereingestimmt haben,
ist plötzlich Dieter Lonchant auf die Idee gekommen,

die Immobilie dürfe nicht an die Stiftung Haus Brandenburg übergeben werden, sondern müsse bei der Landsmannschaft bleiben. Dies ist eine entscheidende Kursänderung, eine Wende um 180 Grad. Auch Dieter Lonchant hat den Beschlüssen bisher zugestimmt. Er war für die Errichtung der Stiftung Haus Brandenburg und hat sich zur Mitarbeit an entscheidender Stelle bereiterklärt. Dieter Lonchant ließ sich zum Vizepräsidenten der Stiftung Haus Brandenburg wählen, nachdem er auch der Satzung der Stiftung und der Vorlage zur Genehmigung beim Innenministerium in Potsdam zugestimmt hat. Woher in letzter Zeit sein Sinneswandel rührt, weiß ich nicht, wissen wir alle nicht.

Wir wissen nur, daß er mit Vehemenz und einem Stil und Vokabular, wie das bei uns über Jahrzehnte bisher nicht üblich war, für den von ihm angestrebten Kurswechsel agiert und auch Halbwahrheiten benutzt. Aber ich versage mir in diesem Punkt weitere Darstellungen. Nur soviel muß gesagt werden: Dieter Lonchant hat bei uns in letzter Zeit einen Ton eingeführt und einen Umgangsstil gepflegt, den es in der fünfzigjährigen Geschichte der Landsmannschaft noch nie gegeben hat. Da ich seit 1948 dabei bin, kann ich dies beurteilen. Ein schlimmer Zustand.

Es gibt noch andere Punkte bei denen es den meisten Vorstandsmitgliedern sehr schwer fällt, seine Wendung nachzuvollziehen.

Landsmann Lonchant legte dem Vorstand folgenden Plan vor: Er werde ab 1. Januar 2000 in Teilruhestand treten, bei 83 Prozent seiner Bezüge. Er werde dann jeweils eine Reihe von Tagen in Fürstenwalde sein.

Den Ausgleich von 17 Prozent seines Gehaltes sollten wir zahlen. Dabei handele es sich um 1.800 Mark monatlich Zuzüglich Reisekosten und Spesen versteht sich (!). Das ist nicht gerade wenig Geld, finde ich. Aber ich will mir weitere Bemerkungen darüber verkneifen. Da war von dem jetzt von ihm geforderten ehrenamtlichen Einsatz von Mitarbeitern im Haus Brandenburg noch nicht die Rede

Wie groß war unser aller Erstaunen, als wir im Gesamtvorstand am 24.September hier im Hause über seinen Wunsch beraten wollten, und er plötzlich sagte, dies stehe nicht mehr zur Debatte. Darüber hätte er ja wohl mit mir sprechen können, so wie Gespräche zwischen uns früher zur Tagesordnung gehörten. Seine kurze Begründung: er sei in eine neue Gehaltsgruppe gekommen und bleibe nun in Nienburg, müssen wir zur Kenntnis nehmen. Inzwischen war aber Herr Assenbaum gekündigt. Dieses geplante monatliche Geld hätte sicher diese Kündigung verhindern können. Jetzt gehen Briefe ein, erhalten wir Anrufe, in denen davor gewarnt wird, Herrn Assenbaum zu entlassen und damit nicht nur auf einen Mitarbeiter sondern auch auf sein unermeßliches Fachwissen zu verzichten. Ich selbst habe eine ganze Reihe von solchen Solidaritätsanrufen erhalten. Herr Czarnuch ist sogar bei seiner Rede während der Einweihungsfeier ganz offiziell für Herrn Assenbaum eingetreten.

Nun liegen auch Solidaritätsbekundungen von polnischer Seite vor. Und ich verweise auf den Brief des Herrn von Leckow, der sehr eindrucksvoll ist und sich für Herrn Assenbaum und für die Stiftung Haus Brandenburg einsetzt.

Mit dem Geld hätten wir auch Mitarbeiter vor Ort bezahlen können. Inzwischen ist nämlich auch von Dieter
Lonchant akzeptiert, daß es ohne einen Mitarbeiter/in
vor Ort nicht geht. Im Übrigen wurde deutlich, daß ehrenamtliche Mitarbeiter viel teurer sind, wenn sie von
weit her anreisen und hohe Reise - und Aufenthalts-
kosten verursachen. Darüber liegen bereits Erfah-
rungswerte vor.

In diesem Zusammenhang ist auf die von Günter Kirbach stammende Konzeption 2000 hinzuweisen, die
der Gesamtvorstand ebenfalls mit acht gegen drei
Stimmen beschlossen hat und bei dem der Dreiklang,
Landsmannschaft, Stiftung Brandenburg und Förderverein Haus Brandenburg die Grundlage bildet. Darin
ist auch vorgesehen, daß Herr Assenbaum weiter be-
schäftigt werden kann und soll. Auch darüber haben
Sie heute zu entscheiden.

Der plötzlich von Dieter Lonchant vorgelegte Antrag,
die Immobilie müsse bei der Landsmannschaft bleiben, ist, wie gesagt, vom Gesamtvorstand nach aus-
führlicher Diskussion mit großer Mehrheit abgelehnt
worden. In namentlicher Abstimmung stimmten acht
Vorstandsmitglieder dagegen, drei dafür, lediglich
Lonchant und die beiden Berliner Vertreter, also eine
uns lange bekannte Fraktion. Für die der Delegiertentagung vorliegende Empfehlung und für das Konzept
Kirbach stimmten die beiden Stellvertretenden Bun-
desprecher, Frau Dr. Hannemarie Condereit und
Wolfgang Behrens, Bundesschatzmeister Ulrich Wilhelm, die Vorstandsmitglieder Waldfried Schnabel,
Karl Lau, Günter Bader, Johanna Kalläwe und ich.

140

Ich bin für diese Entscheidung dankbar, die ich für weitsichtig halte.

Um so überraschter waren wir alle, als nun der schon einmal abgelehnte Antrag von Herrn Lonchant namens des Landesverbandes Niedersachsen jetzt wieder vorgelegt wurde.

Sollte dies beschlossen werden, müssen wir, müssen Sie sich alle fragen, wie sollen wir den Mitgliedern des Fördervereins und den Spendern die Kehrtwendung erklären.

Für die Mitglieder des Fördervereins und für die Spender selbst wird die Situation außerordentlich schwierig. Der Grund ist höchst einfach: ein Verein, wie die Landsmannschaft, kann die Immobilie durch schlichten Mehrheitsbeschluß verkaufen. Bei einer Stiftung ist dies unmöglich. Da wacht die Stiftungsaufsichtsbehörde darüber. Das ist die Sicherheit auch für die Spender, und Sponsoren. Aber es gibt eine weitere Sicherheit: der Satzungszweck der Stiftung ist außerordentlich schwer, im Grunde überhaupt nicht veränderbar, denn die Stiftung wird ja nur für den in ihrer Satzung angegebenen Zweck zugelassen. Die Satzung der Landsmannschaft ist im Gegensatz zu der einer Stiftung leicht durch Beschluß zu verändern. Es gibt keine Aufsichtsbehörde, die eine solche Änderung verhindern könnte. Wir haben ja alle mehrfache Satzungsänderungen selbst erlebt. Dieser Gefahr setzen wir das Haus Brandenburg aus, wenn wir nun nicht mehr beschließen, wie bisher geplant, daß die Stiftung Haus Brandenburg Vermögen erhält.

Bleiben wir bei den Sponsoren. Ich habe für das Haus Brandenburg ein Auto gesponsert bekommen. Der Sponsor aber wollte es nicht der Landsmannschaft zur Verfügung stellen, aus einer Reihe von naheliegenden Gründen, nicht zuletzt deswegen, weil er nicht wisse, wie sich eine solche Organisation entwickle. Aber für die große kulturelle und historische Aufgabe der Stiftung Haus Brandenburg hat er das Auto dem Förderverein zur Verfügung gestellt.

Dies ist symptomatisch. Wir werden keine Sponsoren für die Landsmannschaft bekommen, sondern nur für die Stiftung. Bei meinen bisherigen Bemühungen wurde dies überdeutlich.

Wir hätten im anderen Fall auch unsere Spender irre geführt, denn wir haben immer und überall, auch bei der Werbung, gesagt, das Geld geht in die Stiftung Haus Brandenburg.

Sollte der Antrag von Dieter Lonchant, die Immobilie nicht der Stiftung zu übergeben, hier die Mehrheit finden, hat dies zur Folge: die Stiftung Haus Brandenburg kann gar nicht entstehen, denn sie hat kein Vermögen.

Alle schon laufenden Bemühungen, bei denen sich durchaus Erfolge abzeichnen, für das Kuratorium der Stiftung die Oberbürgermeister der geteilten Städte und die Landräte der Grenzregion zu gewinnen, wie von uns beschlossen, bleiben dann erfolglos. Ein Landrat, der bei uns schon Mitglied ist, ist nur eingetreten im Hinblick auf die Stiftung Haus Brandenburg, bei der mitwirken wollte. Er wird dann nicht mehr Mitglied bleiben.

Eine ganze Reihe von Mitgliedern des Fördervereins wird sich die Frage stellen, was sollen wir denn fördern, wenn keine Stiftung entsteht. Aus Gesprächen weiß ich, sie würden sich zurückziehen. Das sind nicht nur einige.

Sie haben alle den Appell des Westkreuz – Verlags gelesen. Der Verleger und Besitzer, Herr Ahrens, ist ein Mann, der sich für das Haus Brandenburg engagiert, die korporative Mitgliedschaft für seinen Verlag erworben, und die Mithilfe seines Betriebes, also seiner technischen Möglichkeiten und seiner Graphik bei der Gestaltung von Ausstellungen zugesagt hat. Er hat angekündigt, er würde sich zurückziehen.

Unsere polnischen Partner werden nicht bei der Stange bleiben, dies weiß ich aus Gesprächen genau. Damit wäre die grenzüberschreitende Arbeit, die wir in den Heimatkreisen aber auch in der Landsmannschaft betrieben haben, im höchsten Maße gefährdet.

Ohne grenzüberschreitende Tätigkeit aber kann das Haus Brandenburg nicht erfolgreich arbeiten. Sie alle haben in einer Reihe von Delegiertentagungen dieser Konzeption zugestimmt. Zum ersten Mal 1991 in entscheidenden Auseinandersetzungen um neue Wege für die Arbeit nach der Wiedervereinigung. Damals standen die Konzeption Bader und die Konzeption Dewitz zur Abstimmung. Die Konzeption Dewitz unterlag. Heute steht Gerhard Dewitz mit seinen Delegierten wieder wie damals auf der Seite derer, die, ich kann es aus meiner Sicht nicht anders ausdrücken, die Zukunftsentwicklung verhindern wollen. Und heute wie damals gibt es die gleiche Drohung, auszuscheiden. Auch zehn Jahre erfolgreiche Arbeit haben hier offensichtlich kein Weiterdenken bewirkt. Übrigens: Der Stellvertretende Vorsitzende der Berliner Landesverband der Vertriebenen, also der Stellvertreter von Gerhard Dewitz, Oberschulrat a.D. Karl Heinz Lau, teilt seine Auffassung nicht. Er tritt in Übereinstimmung unserer Beschlußlage dafür ein, daß die Stiftung Haus Brandenburg Besitzer der Immobilie wird. Karl Heinz Lau hat sich auch für die Arbeit zur Verfügung gestellt. Er ist in den Vorstand des Fördervereins gewählt worden und wirkt dort mit. Übrigens Landsmann Lau ist auch Stellvertretender Vorsitzender der Mittel und ostdeutschen Vereinigung der CDU auf Bundesebene.

Ich hoffe und wünsche von Herzen, daß Gerhard Dewitz, dessen Konzeption schon 1991 von der großen Mehrheit der Delegierten abgelehnt worden ist, nicht heute, fast zehn Jahre später, auf ähnlicher überholter Konzeption die Mehrheit findet. Diese Konzeption, kann angesichts der beeindruckenden Erfolge, die die Heimatkreise auf der Grundlage der seit 1991 beschlossenen Konzeption erzielt haben, nun nicht plötzlich richtiger sein, nachdem die Realität bewiesen hat, daß die praktizierten grenzüberschreitenden Aktivitäten weitere Perspektiven eröffnen.

Besonders wichtig ist auch: Die beiden Einweihungsgäste, Ministerpräsident Manfred Stolpe und inzwischen Minister Jörg Schönbohm haben die Suche nach Sponsoren für das Haus Brandenburg zugesagt. Aus den vielen Kontakten mit Stolpe weiß ich, dies gilt nur für die Stiftung Haus Brandenburg, nicht für die Landsmannschaft. Ich finde auch, dies ist eine wichtige Information, die Sie bei Ihrer Entscheidung berücksichtigen sollten.

Im Übrigen, die von Minister a.D. Grundmann in seiner Rede auf der Einweihungsfeier angekündigte Zusammenarbeit mit der Gerhart - Hauptmann – Stiftung in Düsseldorf, der größten und bedeutendsten auf dem Gebiet der Arbeit des § 96, gilt natürlich nur für die Stiftung Haus Brandenburg.

Bei der Gelegenheit möchte ich über den Förderverein in Übereinstimmung mit seinem Vorstand informieren. Der Förderverein hat jetzt 62 Mitglieder und ein korporatives Mitglied (Westkreuz Verlag mit dem festgesetzten Beitrag von 400 DM, aber auch mit etlichen Zusagen, zu helfen.) Die Tendenz ist steigend. Ich glaube, allein in der kurzen Zeit bis Jahresende werden es 80 sein, denn die Werbung ist im vollen Gange, aber sie ist eben erst angelaufen. Von diesen 62 sind 17 Bürger des Landes Brandenburg. Auch dies ist ein Signal, daß wir für das Haus Brandenburg Mitglieder gewinnen, für die Landsmannschaft nicht. Gefährden wir nicht die Entwicklung des Fördervereins, der für die Zukunft lebenswichtig ist. Er hat bereits 20.000 DM in die Landsmannschaftskasse überwiesen, damit die letzten Monatsgehälter unserer festangestellten Mitarbeit bezahlt werden können. Das wäre sonst nicht möglich. Bei der Gelegenheit sei angemerkt, auch unsere festangestellten Mitarbeiter sind überhaupt nicht bereit bei einem Kurswechsel, auf welcher Grundlage immer, mitzuwirken.

Aber einfach ein Geldüberweiser an die Landsmannschaft wird der Förderverein nicht sein können, das leuchtet sicher ein. Viele seiner Mitglieder würden dies nicht billigen. Aus besorgten Anrufen weiß ich dies.

Übrigens hat Dieter Lonchant bei dem Teil der Debatte im Vorstand geäußert, was die Landsmannschaft betreffe, sei ein Umdenken im Gange. Im Rathaus zu Fürstenwalde sicherlich. Der Stellvertretende Bürgermeister Hengst hat dies ja in seinem Grußwort bei der Einweihungsfeier dargelegt, wie mühselig das war. Aber schon für das Stadtparlament gilt dies nur zum Teil. Sonst aber sehe ich dies weit und breit nicht. Ich würde gern wissen, wieso Landsmann Lonchant zu dieser Ansicht kommt, denn ich lebe schließlich seit über zwei Jahren hier im Land Brandenburg und habe in unzähligen Gesprächen und Kontakten das Gegenteil erlebt. Dies ist die Realität, an der wir nicht vorbeikommen.

Auch dort, wo es bei den Menschen keine Vorurteile über Landsmannschaften gibt, bin ich mit meiner Werbung gescheitert. Das Haus Brandenburg und seine Arbeit dagegen stößt auf Interesse.

Den Vorwurf, der Förderverein betreibe Abwerbung, muß ich aufs Entschiedenste zurückweisen:

1. Dieter Lonchant hat der Gründung des Fördervereins zugestimmt.

2. Er hat den Beschluß des Vorstandes, der Einfachheit wegen sei auch ein Umtritt möglich, mitgetragen.

146

3. Der Förderverein wird ständig an Wichtigkeit gewinnen, hier sammeln sich Menschen über den Kreis der Heimatvertrieben hinaus, die sich der Aufgabe der Stiftung verbunden fühlen, nicht aber einer Organisation.

Wenn wir der Überzeugung sind, die Stiftung Haus Brandenburg ist die große Zentrale für die Heimatarbeit, dann brauchen wir auch einen starken Förderverein, über den auch dann noch Geld fließt, wenn wir nicht mehr da sind.

Lassen Sie mich zu dem Argument Stellung nehmen, die Landsmannschaft könne die Immobilie nicht „Fremden" übereignen. Wieso Fremden? Die Landsmannschaft bleibt doch als wichtiger Partner im Spiel.

1. Sie ist mit dem Förderverein und der bestehenden Stiftung Brandenburg Träger der Stiftung. Sie bleibt also am Ball. Das steht in der vom Gesamtvorstand beschlossenen Konzeption: Drei Träger: Landsmannschaft – Stiftung Brandenburg – Förderverein.

2. Sowohl der Vorstand des Fördervereins als auch der der Stiftung bestehen aus bewährten, sachkundigen Amtsträgern der Landsmannschaft. Zugleich aber werden, hier auch personelle Übergänge vorbereitet, Nichtvertriebenen die engagierte Bürger sind, Möglichkeiten zu geben. Ein Beispiel ist Verleger Ahrens, der als Vorstandsmitglied in der Stiftung mitwirkt.

3. Alle Heimatkreise und Landesverbände sind aufgefordert, im Kuratorium der Stiftung einen Platz zu besetzen. Damit wirken sie mit.

Kann der Einfluß der Landsmannschaft noch größer sein? Er kann es nicht. Die Landsmannschaft steht also nicht vor dem Aus, wie uns Karl Heinz Cohrs in der Märkischen Zeitung weismachen wollte. In dem Ihnen vorliegenden Kommentar habe ich dazu Stellung genommen. Herr Cohrs hat eine Tatarenmeldung mit Halbwahrheiten verbreitet und damit Stimmungsmache betrieben.

Was bedeutet es, die Immobilie werde erst der Stiftung übergeben, wenn die Landsmannschaft nicht mehr handlungsfähig ist. Wann ist das? Wer stellt dies fest?

Wer entscheidet dann, wenn die Landsmannschaft nicht mehr handlungsfähig ist? Und warum soll auf den Sankt Nimmerleinstag gewartet werden, wenn dies die Arbeit entscheidend beeinträchtigt, Rückschritte beschert, ja fast unmöglich macht? Wenn wir wie dies neun Jahre lang der Fall war, nach wie vor die Errichtung der Stiftung Haus Brandenburg für richtig und notwendig halten, ebenso wie den Förderverein, der uns die notwendigen Sponsoren zuführen soll, dann müssen wir jetzt entscheiden. Nicht irgendwer und irgendwann später. Wir haben keine Zeit zu verschenken. Die vorgelegte und vom Gesamtvorstand mit großer Mehrheit gebilligte Konzeption stimmt nach wie vor. Sie allein ist zukunftsträchtig und hat Bestand über unsere Lebenszeit hinaus.

Liebe Landsleute, Sie sollen aber auch Folgendes wissen:

Ich habe unter den dargelegten Prämissen für die Stiftung Haus Brandenburg gearbeitet und war sehr froh,

148

daß diese Arbeit eingebettet war in die Beschlüsse der Landesversammlung, also in Ihre Zustimmung. Wenn diese bisher erfolgreiche kulturpolitische Konzeption jetzt plötzlich durch einen Beschluß von Ihnen für falsch erklärt wird, dann bin ich gescheitert. Es handelt sich um eine Grundsatzfrage von außerordentlicher Wichtigkeit, die sogar eine Existenzfrage ist.

Ich kann eine Wende zum Falschen und Kurzsichtigen weder mitvollziehen noch etwa hinterher vertreten. Ich kann nicht neun Jahre lang eine Konzeption vortragen, dafür werben und dafür arbeiten und nun im zehnten Jahr einfach allen sagen April, April, es war alles April. Sie werden sicher verstehen können, daß es mir unmöglich ist, diese falschen Vorstellungen zu unterstützen oder etwa sogar dafür zu wirken.

Bitte denken Sie nicht, ich hielte mich für unersetzlich, natürlich nicht, aber einen falschen Weg kann ich nicht mitgehen, ich bin kein Wendehals.

Ich weiß, ich stehe mit dieser Auffassung nicht allein, andere Vorstandsmitglieder teilen sie. Dies sind die beiden Stellvertretenden Bundessprecher Frau Dr. Condereit und Wolfgang Behrens sowie der Bundesschatzmeister Ulrich Wilhelm. Aber auch eine Reihe von Delegierten sind dieser Ansicht und haben bereits ihre große Besorgnis geäußert, daß sie die 180 Grad Kurve nicht mitvollziehen können.

Ich appelliere an Sie, stimmen Sie dem Antrag des Bundesvorstandes zu, der mit der großen Mehrheit von acht Stimmen gegen drei beschlossen worden ist. Dann ist der Weg für Phase zwei unseres Jahrhundertwerks frei, für die Sicherung der Finanzierung als der Voraussetzung für die vielfältigen Aktivitäten, die die Stiftung Haus Brandenburg vor sich hat, in Dimensionen, die weit über unsere derzeitigen Aktionen hinausgehen. Es ist der Weg in die Zukunft.

Wir müssen jetzt alles tun, daß die achthundertjährige deutsche Geschichte und deutsche Kultur unserer Heimat nicht in das große schwarze Loch des Vergessens fallen, wenn wir, die Erlebnisgeneration, abtreten. Wir brauchen Bundesgenossen, Menschen, die den Staffelstab übernehmen, das werden Bürger Brandenburgs sein, die die Vertreibung nicht selbst erlebt haben. Aus dieser Verantwortung für unsere Heimat müssen wir jeden von kurzsichtigerTaktik bestimmten Schachzug zurückweisen.

Ich appelliere an Sie, liebe Landsleute, bleiben Sie sich Ihrer Verantwortung für die Heimat bewußt. Geben Sie dem Antrag des Gesamtvorstandes Ihre Zustimmung, der die Übereignung der Immobilie an die Stiftung Haus Brandenburg vorsieht, sobald sie errichtet worden ist.

Lassen Sie uns zusammenstehen und alle Kräfte bündeln für die vor uns stehenden großen Aufgaben. Es soll bei dem bleiben, was ich bei der Grundsteinlegung gesagt habe und was in den Grundstein eingemauert wurde:

Möge das Haus Brandenburg ein brandenburgisches Zentrum sein;

Möge das Haus Brandenburg dafür sorgen, daß 800 Jahr deutscher Geschichte und Kultur ostwärts von Oder und Neiße nicht in das schwarze Loch des Vergessens fallen;

Möge das Haus Brandenburg mit seiner Arbeit Brücken über die Oder und Neiße schlagen und der Verständigung zwischen Polen und Deutschen dienen."

Dann kam der Schluß dieser - meiner letzten – Grundsatzrede:

„Liebe Landsleute, liebe Freunde:

Ich bin 1985 von Gerhard Dewitz, Heinz Schulz und Dr. Hannemarie Condereit nachdrücklich und von weiteren Landsleuten weniger nachdrücklich gedrängt worden, für das Amt des Bundessprechers zu kandidieren. Gedrängt worden, denn ich wollte nicht. Schließlich war ich vorher schon lange Jahre Stellvertretender Bundessprecher. Außerdem befürchtete ich, daß ich mit meiner Konzeption so schnell keine Mehrheit finden würde. Dann habe ich doch ja gesagt und bin mit 31 gegen 22 Stimmen gegen Schulz Rosengarten gewählt worden.

Ich habe mir die Aufgabe gestellt, die Landsmannschaft zu modernisieren, effektiver zu organisieren und finanziell abzusichern. Dies ist in den ersten Jahren gelungen. Die moderne Zeit zog bei uns in der Geschäftsstelle in Stuttgart ein: mit Anrufbeantworter, Faxgerät, vor allem aber mit Computer. Der Informationsdienst, heute nicht mehr wegzudenken, wurde gegen große Widerstände ins Leben gerufen. Die Dokumentation Brandenburg habe ich gestartet, die immerhin über 10.000 Ansichtskarten und DIAS aufweist und heute ein wichtiger Bestandteil unserer kulturellen Arbeit ist. Die Tagungsinhalte wurden verändert. Tagungen an die damalige Zonengrenze verlegt, sogar nach Eisenach auf die Wartburg sind wir gegangen.

Was die Finanzen betrifft so geben die Jahreshaushalte darüber Auskunft, das wir unsere jährlichen Mittel mehr als verdoppeln konnten. Wir haben zum ersten Mal die Fördermittel des Patenlandes ausgeschöpft. Bis dato wußten weder Vorstand noch Schatzmeister, daß wir 97.000 DM Fördermittel in Anspruch nehmen konnten. Wir haben auch Mittel aus dem innerdeutschen Ministerium, später Innenministerium angezapft.

Ich habe gegen den großen Widerstand, die Einzelmitgliedschaft eingeführt, die zuerst belacht dann bekämpft wurde. Heute sind die Einzelmitglieder ein wesentliches finanzielles Rückgrat. Die 230 10 - Mark und die 250 5 - Mark Mitglieder bringen Zehntausende von Mark. Ohne diese Summe hätten wir schon längst die Arbeit bis in die Nähe der Bedeutungslosigkeit reduzieren müssen.

In meine Amtszeit fiel aber auch die schwierigste Periode seit Bestehen der Landsmannschaft, die Wende von 1989, die die Welt veränderte. Ich habe die neue, heute noch gültige Satzung, mit den zeitgemäßen und zukunftsträchtigen Zielen entworfen und eine neue Konzeption für die Arbeit der LM vorgelegt. Die neue Satzung mit überwältigender Mehrheit angenommen, bis auf den ersten Satz der Präambel, in dem ich formuliert hatte: Die Landsmannschaft Berlin — Mark

Brandenburg ist der große Heimatbund Brandenburgs. Dies wurde polemisch kaputt geredet von Gerhard Dewitz. Nicht wir, sondern ein neu gegründeter Verband hat sich kurz darauf diesen Namen „Heimatbund Brandenburg" gesichert, den ich gern besetzt hätte.

Dies war Ausdruck eines nach der Wende ausgebrochenen heftigen Richtungsstreits. In der Bundesdelegiertenversammlung. 1991 in Potsdam wurde er voll ausgetragen. Die Konzeption Bader und die Konzeption Dewitz standen zur Entscheidung. Die Delegierten entschieden sich mit großer Mehrheit für die Konzeption Bader, nach der wir seither auch arbeiten und erfolgreich in der Heimat wirken. Ich wurde wiedergewählt, Gerhard Dewitz unterlag mit 51 zu 34. Allein aus Berlin hatte er 23 Delegierte anreisen lassen.

Schon in den ersten Monaten 1990 habe ich die Idee entwickelt, ein „Haus Brandenburg" zu schaffen, damit, um es kurz zu sagen, die 800 jährige deutsche Geschichte Ostbrandenburgs nicht in das große, schwarze Loch des Vergessens fällt. In dem von mir geschaffenen Märkischen Fonds unter dem Motto ‚Jede Mark für die Mark' konnten Spendengelder gesammelt werden. Über vielerlei Schritte, Umwege und Stufen ist das Haus Wirklichkeit geworden, es steht nun hier, in Fürstenwalde in der Parkallee.

Allein die Liste der Tagungsorte in der Heimat Brandenburg kann sich sehen lassen: Frankfurt(Oder), Rheinsberg, Potsdam, Schmerwitz, Werder, Cottbus, Forst, Wittstock, Spremberg, Jüterbog, Neuruppin, aber auch Orte in Ostbrandenburg: Drossen, Lauske, Landsberg(Warthe), Meseritz, Schwerin, Schwiebus.

Es war wichtig in der neuen Konzeption auch mit den Polen direkt zusammenzuarbeiten. Die deutsch – polnischen Seminare, die ich vorgeschlagen habe, erwiesen sich als sehr erfolgreich mit ihrem Hauptthema ‚Deutsche und Polen auf dem Weg nach Europa', 1992 in Drossen, 1993 in Fünfeichen, 1994 in Landsberg, 1995 in Guben, 1996 in Drossen, 1998 in Fürstenwalde. Hier konnten wir zum ersten Mal eine gemeinsam verabschiedete deutsch- polnische Erklärung erreichen, in der die polnischen Teilnehmer die Errichtung des Hauses Brandenburg begrüßten.

Hier liegt nun das Zentrum unserer Arbeit. Hierauf müssen alle Kräfte gerichtet werden, denn das ist wirklich die Jahrhundertaufgabe unserer Landsmannschaft.

Die Landsmannschaft wird im biologischen Prozeß schmelzen, die Stiftung Haus Brandenburg bleibt bestehen, auch über unser Leben hinaus, auch wenn es die LM nicht mehr gibt. Wir brauchen uns nichts vorzumachen: Vertriebenen – Nachwuchs gibt es nicht. Interessenten für die Organisation Landsmannschaft auch nicht. Aber für die historische und kulturelle Aufgabe, der sich die Stiftung Haus Brandenburg verschrieben hat, besteht die Chance Interessenten, Mitbürger, Mitstreiter zu finden.

Das ist unsere große Hoffnung.

Liebe Landsleute, zu einer solchen sachlichen Bilanz gehört auch eine persönliche.

Ich bin 1985 in Stuttgart gewählt worden, und alle zwei Jahre jeweils mit großen Mehrheiten wiedergewählt worden. Ich bin also jetzt 14 Jahre und einen Monat im Amt. Damit bin ich der Bundessprecher mit der längsten Amtszeit in der sechzigjährigen Geschichte unserer Organisation. (Kiekebusch gewählt 2. Juni 1957. Gestorben 14.5.1971 = 13 Jahre und 9 einhalb Monate. Bader September 1985 bis 27.10.1999 = 14 Jahre und 1 Monat).

Was in dieser Amtszeit geschehen ist, habe ich in Stichworten dargelegt. Der Endpunkt ist das Haus Brandenburg und der Umzug der Landsmannschaft aus Stuttgart in die brandenburgische Heimat. Und in der Stiftung Haus Brandenburg will ich noch wirken, solange es meine Kräfte erlauben.

Ich habe zu danken für großartige menschliche Freundschaft, die mich mit vielen Damen und Herren der Landsmannschaft verbindet. Wer handelt, aufbauen und zukunftsträchtig wirken will, wer durchsetzen muß, damit neue Ufer erreicht werden, der tritt auch manchem Freund auf die Zehen. Wo dies geschehen ist, bitte ich um Entschuldigung.

Angesichts des biblischen Alters, in dem ich nun mit 77 Jahren stehe, werde ich aber nicht mehr als Bundessprecher kandidieren. Bleibe aber im 8 ter Gremium als Delegierter für die Bundesdelegiertentagungen.

Meine Kraft werde ich weiter für das Haus Brandenburg einsetzen, als Präsident der Stiftung Haus Brandenburg. Dieses Haus wird nur Bestand haben, wenn es über den organisatorischen Rahmen der Organisation Landsmannschaft hinaus wirkt und ein nicht wegzudenkender Ort der grenzüberschreitenden Tätigkeit wird.

Ich glaube, ich habe – auch in schwierigen und bewegten Zeiten - preußisch meine Pflicht getan. Jedenfalls habe ich mich sehr bemüht.

Wenn Sie heute einen neuen Bundessprecher wählen, dann appelliere ich an Sie, wählen sie nur einen Kandidaten, der sich zu unseren Grundsätzen bekennt, die sich in einem Jahrzehnt als erfolgreich und als richtig erwiesen haben. Dazu gibt es keine Alternative.

Ich wünsche der Landsmannschaft alles Gute."

Meine Grundsatzrede wurde nicht diskutiert. Es lagen schon Absprachen vor. Der Antrag des Bundesvorstandes mit meiner Konzeption wurde abgelehnt mit 29 zu 21 Stimmen. Ich hätte dieses Ergebnis anfechten können, denn der Heimatkreis Landsberg, bis zu diesem Tag ausgetreten, erschien plötzlich wieder und kam mit 4 Delegierten. Aber das hätte wohl kaum Sinn gemacht, die meisten Delegierten waren programmiert.

Nach Bekanntgabe des Ergebnisses bin ich sofort zurückgetreten und habe folgende Erklärung abgegeben.

Rücktrittserklärung Bader

Delegiertentagung der Landsmannschaft Berlin – Mark Brandenburg, in Fürstenwalde 29.10.1999

„Liebe Landsleute. Liebe Freunde,

Die Mehrheit hat gegen den vom Vorstand mit großer Mehrheit gefaßten Beschluß, die Immobilie Haus Brandenburg der Stiftung Haus Brandenburg nach deren Errichtung zu übereignen entschieden. Diese Entscheidung ist auch eine Entscheidung gegen die Zukunft. Sie haben nicht über meine Darlegungen diskutiert, nicht darüber, wie wir hier im Lande Brandenburg uns in das Umfeld einbetten können, wie wir hier Bürger für die große Aufgabe gewinnen können, dafür zu sorgen, daß die achthundertjährige deutsche Geschichte und Kultur nicht in das große schwarze Loch des Vergessens fallen. Dafür werden die nach uns Kommenden sorgen müssen und das werden, wie ich ausführlich dargelegt habe, keine Vertriebenen sein.

Die Landsmannschaft wird im biologischen Prozeß schmelzen, die Stiftung Haus Brandenburg bleibt bestehen, auch über unser Leben hinaus. Wir brauchen uns nichts vorzumachen: Vertriebenen – Nachwuchs gibt es nicht. Aber für die historische und kulturelle Aufgabe, der sich die Stiftung Haus Brandenburg verschrieben hat, besteht die Chance, hier im Land Mitbürger und Mitstreiter zu finden. Das ist unsere große Hoffnung.

Darüber haben sie kein Wort verloren. Damit ist meine Konzeption gescheitert. Als Bundessprecher der

Landsmannschaft Berlin – Mark Brandenburg ziehe ich daraus die Konsequenzen und trete zurück, denn es handelt sich um grundsätzliche Meinungsunterschiede.

Ich war über 14 Jahre lang Bundessprecher und damit bin ich länger im Amt gewesen, als alle meine Vorgänger. Ich habe die Idee ein Haus Brandenburg zu schaffen bereits 1990, wenige Monate nach der Wende, vorgetragen und gegen viele Widerstände, Zweifel und Skepsis durchgesetzt. Ich hatte nach 1989 die schwierige Aufgabe die neue Konzeption für die Landsmannschaft zu entwickeln, eine neue Satzung zu machen und der grenzüberschreitenden Arbeit den Weg zu ebnen.

Ich habe zu danken für großartige menschliche Freundschaft, die mich mit vielen Landsleuten verbindet.

Der Landsmannschaft wünsche ich alles Gute."

Mein zukunftsweisendes Konzept des Hauses Brandenburg war gescheitert.

Rücktritte – Austritte – Spaltung der LM

Ohne Zögern traten weitere Vorstandsmitglieder zurück: die beiden Stellvertretenden Bundessprecher, Frau Dr. Hannemarie Condereit und Wolfgang Behrens, sowie Schatzmeister Ulrich Wilhelm und eine Reihe von weiteren Vorstandsmitgliedern.

Dies war eine erste Spaltung der Landsmannschaft.

Die Rücktrittserklärung der Stellvertretenden Bundessprecherin, Dr. Hannemarie Condereit, vom 30.10.1999 hat folgenden Wortlaut:

Ende einer erfolgreichen, vorwärtsgerichteten Politik

Dr. Hannemarie Condereits Rücktrittserklärung

Wenn ich heute nach 27 jähriger Tätigkeit in Führungspositionen der Landsmannschaft Berlin – Mark Brandenburg von dem Amt als Stellvertretende Bundessprecherin, das ich seit 1976 innehatte - immer mit dem Vertrauensbeweis einer großen Mehrheit gewählt – zurücktrete, werden Sie mir glauben, daß mir dieser Schritt nicht leicht fällt, und ich es nach reiflicher, schmerzlicher Überlegung tue. Ich trete ja nicht zurück, weil ich physisch und psychisch nicht mehr kann.

Die landsmannschaftliche Arbeit war seit meiner Flucht aus der DDR 1952 neben meiner beruflichen – Sie können mir glauben, sehr erfolgreichen Tätigkeit – mit all ihren heimatpolitischen Facetten keine Spielwiese, um ehrgeizige Bedürfnisse zu befriedigen. Das hatte ich nie nötig, ich war immer unabhängig und frei. Allerdings brauche ich auch immer eine gleichgesinnte, vertrauensvoll abgestimmte, ehrliche Solidarität und Zusammenarbeit. Gegen Intrigen und Unaufrichtigkeiten bin ich wehrlos. Parteipolitische Machenschaften lehne ich ab. Ich konnte manches im Stillen bewirken, manche Mißveständnisse von Hitzköpfen schlichten. Ich kenne meine Schwächen, bin zum Beispiel keine große Rednerin, kann nicht polemisieren, das ist aber auch wohl keine Schwäche. Aber ich bin zielstrebig und ausdauernd und einer einmal erarbeiteten Erkenntnis treu.

Das Anliegen der Heimatvertriebenen – der größte Teil meiner Familie wurde vertrieben - und die der politischen Flüchtlinge, zu denen ich gehörte, verpflichtete mich zur aktiven Mitarbeit – auch von meinem Stande und meiner ethischen und moralischen Einstellung her. Es war meine politische Heimat – keine parteipolitische.

1989, nach der Wende wandelten sich die Aufgaben, besonders in unserer brandenburgischen Landsmannschaft.

Wir mußten neue, besondere Wege gehen. Die von Werner Bader entwickelte Vision, das neue auf Zukunft ausgerichtete Konzept, die Idee des Hauses Brandenburg, schließlich in die Stiftung Haus Brandenburg einmündend, begeisterte mich und übrigens viele andere in unserer Landsmannschaft. Haben Sie das vergessen? Es entwickelte sich eine vorher nie gekannte Solidarität der Heimatkreise mit der Landsmannschaft.

Die Weichen für die Zukunft, die für alle Verantwortlichen ohnehin sehr schwierig werden wird, sind heute gestellt. Wir hatten Ihnen unser Konzept dafür entwickelt. Sie haben ihm leider nicht zugestimmt, das heißt Sie entziehen auch mir das in all den Jahren ausgesprochene Vertrauen zur Verwirklichung der oft mehrfach bestätigten Beschlüsse, Richtlinien und Entscheidungen. Die weitere Mitarbeit in der Führung der Landsmannschaft, in dem Stil der sich jetzt abzeich-

160

net, mit Diffamierungen und Unwahrheiten, ist nicht mein Stil, er ist unwürdig. Das kann ich nicht mitmachen. So leben Sie wohl."

Gewählt wurde der dritte Stellvertreter, der Strippenzieher, Dieter Lonchant. Er regierte nun im Haus Brandenburg, und plötzlich überschrieb er die Immobilie der bestehenden kleinen Stiftung Brandenburg. Schon nach knapp zehn Monaten warf er alles hin. Per Fax erklärte er seinen Rücktritt. Man munkelte, er habe in seiner Heimatstadt Nienburg, Weser in seinem Amt berufliche Schwierigkeiten. Der plötzliche Verkauf seines großen, neuen Hauses auf einem schönen Anwesen nährte diese Gerüchte.

Hausverbot

Eine der Handlungen von Lonchant war das Verhängen eines Hausverbots für mich. Das war in weiten Kreisen der Landsmannschaft unverständlich, denn immerhin war ich Ideengeber, Gründer und Realisierer des Hauses Brandenburg.

Der Förderverein beschloß am 8.6.2000 einen Protest:

„Werner Bader ist und bleibt der Ideengeber dieses Hauses. Er hat die Konzeption erarbeitet und sie über Jahre – nämlich seit 1990 – mit großer Ausdauer und Überzeugungskraft durchgesetzt. Werner Bader war es, der sofort nach der Wende sagte, wir müssen in das wiederentstandene Land Brandenburg, ganz nahe an die Oder – Neiße – Grenze gehen. Hier muß unser Zentrum entstehen damit unsere brandenburgische Geschichte nicht - wie er immer sagt – in das schwarze Loch des Vergessens versinkt, und von dem aus wir im Land und auch über die Grenze hinaus in die verlorene Neumark, Niederlausitz und Grenzmark verständigend und versöhnend wirken wollen."

Am 13/14. Mai 2000 beschloß der Vorstand des Landesverbandes Nordrhein – Westfalen:

„Das Hausverbot ausgerechnet über einen Mann zu verhängen, der die Idee geboren hat, ein Haus Brandenburg zu schaffen, der diese Idee über Jahre konsequent mit großer Ausdauer und mit großem persönlichen Einsatz durchgesetzt hat, der selbst für den Namen "Haus Brandenburg" lange gegen große Widerstände kämpfen mußte und der die Konzeption für das historische und kulturelle Zentrum entwickelt hat, ist ungeheuerlich, skandalös und unehrenhaft.

Es entbehrt zugleich nicht der Ironie, daß diesen Beschluß Leute im Vorstand gefasst haben, die in den ersten Jahren des Kampfes um die Errichtung des Hauses Brandenburg nicht den geringsten Beitrag geleistet haben. Der gegenwärtige Bundessprecher hat jahrelang die Konzeption, dieses Haus in eine Stiftung Haus Brandenburg einzubringen, mitgetragen und dann plötzlich eine Kehrtwendung um 180 Grad vollzogen."

Aus dem Südwesten kam die Mitteilung

„Wir schließen uns den Protesten des Fördervereins Haus Brandenburg, des Landesverbandes Baden – Württemberg und der Heimatkreisbetreuerin von Züllichau – Schwiebus, Ruth Schulz an."

Wilhelm von Soult, LV – Vorsitzender Baden – Würtemberg erklärte: „Herr Bader hat in seiner vierzehnjährigen Tätigkeit hervorragende Arbeit geleistet. Er hat die Kontakte zu Polen aufgebaut und gefestigt, und er hat mit seiner Vision das Haus Brandenburg entstehen lassen. Das er jetzt um die Früchte seiner Arbeit gebracht wird, finden wir skandalös."

Am 16.10. 2000 wurde das Hausverbot wieder aufgehoben

Aber die Mitarbeit der Zurückgetretenen, also auch meine Mitarbeit, war zu Ende.

Das Ende der Landmannschaft ist programmiert, der Verband stirbt nach 60 Jahren

Die Landsmannschaft Berlin – Mark Brandenburg hat in den sechs Jahrzehnten ihres Bestehens einen natürlichen biologischen Prozeß erlebt, wie alle Landsmannschaften. Sie hat sich aber auch durch die politischen Ereignisse, durch die Wiedervereinigung, verändert.

Die Landsmannschaft Berlin – Mark Brandenburg hatte eine Besonderheit: Sie organisierte die Heimatvertriebenen aus Ostbrandenburg, also der Neumark und der östlichen Niederlausitz und die politischen Flüchtlinge aus Brandenburg westlich der Oder und Neiße.

Sie hatte, wie alle Landsmannschaften, zwei Organisationssäulen: die Landesverbände und die Heimatkreise. Sie war eine bundesweit starke Organisation

163

und ursprünglich in allen Bundesländern der alten Bundesrepublik vertreten.

Der unabwendbare biologische Schmelzprozeß hat die Organisation naturgemäß verändert. Er beschleunigte sich von Jahr zu Jahr, denn junge Heimatvertriebene gibt es nicht.

Besonders einschneidend wirkte sich der biologische Prozeß in den Landesverbänden aus.

Es bestehen nur noch in drei Bundesländern Restverbände, das heißt kleine Gruppen. In Schleswig – Holstein, Hamburg, jeweils eine Handvoll und in Berlin.

Berlin, seit eh und je der größte Landesverband, hatte einmal rund 15.000 Mitglieder, nach den Angaben vom Berliner Landesschatzmeister waren es 1997 noch 1.700 Mitglieder. Durch Tod verliere man von Jahr zu Jahr eine zunehmende Zahl von Mitgliedern, damals pro Jahr über 5 %. Die Mitgliederzahl müßte, legt man diese Aussage zu Grunde, inzwischen auf 700 geschrumpft sein. Sehr wahrscheinlich sind es weniger.

Die Teilnehmerzahlen der großen Treffen der Heimatkreise nehmen ebenfalls rapide ab. Selbst der größte Heimatkreis, Züllichau – Schwiebus, der auch nach der Wende zu seinem jährlichen Haupttreffen noch 2.300 - bis 2.500 Teilnehmer aufbrachte, ist jetzt zufrieden, wenn es noch fünfhundert bis sechshundert sind.

Verbände und Gruppen haben sich bereits aufgelöst oder lösen sich auf. Zahlreiche langjährige Amtsträger

164

sind verstorben, für Sie findet sich meistens kein Nachfolger. Bis Ende 2002 starben acht der aktivsten Heimatkreisbetreuer und sechs Landesvorsitzende.

Aber auch die aktiven Funktionäre der Vertriebenenverbände, so sie noch leben, verdrängen diese Entwicklung vollständig. Sie blenden es einfach aus. Selbst wenn sie es registrieren, analysieren sie nicht die Situation, und sie ziehen schon gar nicht Schlußfolgerungen.

Sie machen so weiter, wie immer und bedauern das Schrumpfen. Aber sie haben nicht realisiert, daß sich 1989 die Welt verändert hat, und der Schrumpfungsprozeß in diesem Kontext stattfindet. Jedoch ist dies offensichtlich für den Vorstand kein Thema. Es gibt keine Initiativen, keine Überlegungen.

Die führenden Mitarbeiter sind oft tüchtige Menschen, die ihr Vertreibungsschicksal, so unmenschlich und grausam es auch gewesen ist, gemeistert haben. Sie sind nicht zerbrochen und haben ihr Schicksal auf bewundernswerte Weise gemeistert: Sie haben eine Familie gegründet, Kinder groß gezogen, eine neue berufliche Karriere aufgebaut und sich durch harte Arbeit von unerwünschten Habenichtsen zu guten Bürgern, nicht selten mit eigenem Häuschen, entwickelt. Sie haben sich integriert, in der zweiten, nicht selbst gewählten Heimat. Sie haben neue Freundschaften geschlossen.

Trotzdem: Heimatliebe und Heimweh blieben über Jahrzehnte akut und bereiteten immer wieder Phantomschmerzen.

Aber für das Weiterleben der Organisation tauchte auch ein anderes, sehr realistisches Riesenproblem auf: 1996 hat sich das Land – Baden – Württemberg von seiner Patenschaft über die Landsmannschaft Berlin – Mark Brandenburg schlicht verabschiedet, mit dem Hinweis, nun sei das Heimatland Brandenburg zuständig. Ich fuhr nach Stuttgart zu einem langen Gespräch mit Staatsekretär Gustav Wabro. Ich betonte eindringlich: Nach 25 jähriger erfolgreicher Patenschaft könne sich das Land nicht französisch verabschieden. Die Landesregierung solle alle Aktiven einladen. Auf einer großen Tagung werde sich die Landsmannschaft für die gute Zusammenarbeit bedanken. Dann verabschiedet sich Baden - Württemberg mit einem Scheck von 300.000 DM. Wabro meinte, damit komme man im Landtag nicht durch. Aber der Ministerpräsident könne über Fördersummen in Höhe von jährlich 20.000 DM verfügen. Es könne also für zehn Jahre diesen Betrag zusagen. So wurde es vereinbart. Diese jährliche Leistung trug wesentlich zum Überleben der Landsmannschaft nach der Wende bei. Der Zeitraum ist abgelaufen. Auch diese Zwanzigtausend jährlich fehlen, so wie die Beitragsgelder der schrumpfenden Direktmitglieder fehlen.

Übersicht: Die abnehmende Organisation

Landesverbände, die seit über einem Jahrzehnt nicht mehr bestehen

<u>Land</u>	<u>Mitglieder</u>
Bremen	0
Saarland	0
Rheinland – Pfalz	0
Bayern	0
Baden – Württemberg	0
Hessen	0
Nordrhein – Westfalen	0
Niedersachsen	0

Landesverbände, die noch als Reste bestehen*

Hamburg	30
Schleswig – Holstein	60
Berlin	700
Diese Zahlen sind vom Jahr 2002	**790**

Für 2011 liegen sie naturgemäß wesentlich niedriger. Aber es gibt keine Statistik.

In sieben von elf alten Bundesländern ist die Landsmannschaft überhaupt nicht mehr vorhanden. Wobei hinzuzufügen ist, im Saarland und in Rheinland Pfalz gab es seit Jahrzehnten nur kleine Verbände. Bayern löste sich 1992 mangels Mitglieder auf. Nordrhein – Westfalen und Hessen haben sich aus dem gleichen Grund 2000 aufgelöst.

Bei dem hohen Altersdurchschnitt ist auch die Sterberate hoch. Niedersachsen besteht nur noch aus den Gruppen Nienburg (Nienburg soll inzwischen von Lonchant aufgelöst worden sein) und Hameln. Nach dem Rücktritt Lonchants sind hier ganz sicher Verluste zu verzeichnen. In Berlin sind dies maximal 700.

Westbrandenburgische Heimatkreise verschwanden plötzlich

Keine Solidarität der Flüchtlinge mit den Vertriebenen

Das ist ein überraschendes Phänomen: Fast alle westbrandenburgischen Heimatkreise sind nach der Wende 1989 in einem unwahrscheinlichen Tempo einfach von der Bildfläche verschwunden, meistens sogar, ohne sich ordentlich aufzulösen Die Heimatkreisbetreuer und Heimatkreiskommissionen ebenfalls. Kein Heimatkreisbetreuer hat sich vorher mit der Bundesgeschäftsstelle in Verbindung gesetzt.

Diejenigen, die während der Spaltung Deutschlands über Jahrzehnte ständig ihre Heimatliebe verbal bekundet hatten, sich als Sprecher ihrer Kreise, fast wie ehemalige Landräte fühlten, waren nun für die Heimat verloren. In einzelnen Fällen haben sich kleine Gruppen noch in ihren Heimatstädten für kurze Zeit an Projekten beteiligt. Dann war die vielbeschworene Heimatliebe erloschen. Und die Solidarität mit ihren vertriebenen brandenburgischen Landsleuten, mit denen sie in der Landsmannschaft zusammengewirkt hatten, auch. Das war schmerzlich und wahrlich kein Ruhmesblatt für die Märker, die als politische Flüchtlinge im Westen leben.

Übrig geblieben sind zunächst vier westbrandenburgische Heimatkreise, Templin, Ruppin, Lebus, Forst, die erst einmal weiterarbeiteten, allerdings und unvermeidlich mit abnehmender Kraft. Sie haben noch einige Jahre lang weiter ihre kleiner werdenden Heimattreffen veranstaltet. Dies ist längst nicht mehr der Fall. Eine Ausnahme: war Prenzlau. Dort hat der aktive Heimatkreisbetreuer Rudolf Gramke unmittelbar in seiner Heimatstadt mitgewirkt, und erhebliche Spenden für Projekte aufgebracht. Nach seinem Tod war dies zu Ende.

Der Heimatkreis Lebus hat seine Mitglieder aufgefordert in jedem Jahr an dem örtlichen Fliederfest in der Heimatstadt teilzunehmen, wenn sie das Bedürfnis hätten, in die Heimat zu fahren.

Die Heimatkreise Ruppin und Templin machen keine Heimattreffen mehr. Sie haben auch ihre Publikationen eingestellt. Sie lösten sich auf.

Der Heimatkreis Forst, der bis vor der Wende 10.000 Mitglieder hatte, zählte nach der Wende noch 300. Seine Heimatzeitung wurde eine Zeitlang von dem heimatlichen Forster „Wochenblatt" im Verlag Ulrich Kohlstock gedruckt. Der Heimatkreisbetreuer, Gerhard Krumm, nach der Wende wurde er Ehrenbürger seiner Heimatstadt, ist inzwischen verstorben. Damit war alles zu Ende.

Zum Zeitpunkt der Initiierung des Hauses Brandenburg, 1990, gab es noch 26 Heimatkreise, 11 östlich der Oder 15 westlich der Oder.

Ostbrandenburg:

Arnswalde, Crossen, Friedeberg, Königsberg N/M, Landsberg/Warthe, Meseritz, Oststernberg, Schwerin/Warthe, Sorau, Weststernberg, Züllichau – Schwiebus

Westbrandenburg:

Calau, Cottbus, Eberswalde/Niederbarim/Oberbarnim, Jüterbog Luckenwalde, Lebus, Neuruppin, Potsdam, Prenzlau, Soldin, Spremberg, Templin, Forst, Frankfurt/Oder, Guben.

2000 waren es noch sieben Arnswalde, Crossen, Königsberg, Prenzlau Restgruppe, Schwerin, Soldin, Züllichau Schwiebus

| Frankfurt/Oder | 1989 aufgelöst. |
| Spremberg | 1990.aufgelöst |

(Heimatkreisbetreuer Angermann war Stasi-Mitarbeiter und hatte die Aufgabe Bader zu bespitzeln.)

| Calau | 1991 aufgelöst |

170

Cottbus	Löste sich einige Zeit nach Austritt auf. 1991 Austritt

Eberswalde/Niederbarnim/Oberbarnim 1991 aufgelöst

Forst N/L Heimatstube und Archiv nach Forst gebracht
1991 aufgelöst

Jüterbog/Lukenwalde 1992 aufgelöst

Potsdam Heimatstube und Archiv nach Potsdam gebracht
1994 aufgelöst

Guben	1996 ausgetreten Heimatverein pflegt nur noch Kontakt mit Gubin
Lebus	stellte nach Tod Schulz Rosengarten Arbeit ein
Meseritz	1995 ausgetreten
Neuruppin	1999 aufgelöst
Friedeberg	1999 aufgelöst
Sorau	1999 aufgelöst
Templin	1999 ausgetreten
Weststernberg	1999 aufgelöst

Nach der Wende waren die Heimatkreisbetreuer in ihren heimatlichen Rathäusern quasi „Exoten" und wurden sofort von den Bürgermeistern empfangen. Das ging bis zu zwei, drei Besuchen. Dann stand fest, die ehemaligen Bürger konnten in der Heimat nicht helfen, weder moralisch noch finanziell. In die Heimat zurückkehren wollten sie auch nicht, denn sie hatten ihre Familien im Westen. Werner Bader, der Bundessprecher, ist übrigens der Einzige, der in die Mark zurückkam. Wenige Heimatkreise erhielten sich noch torsohaft einige Jahre, dann bestand kein Heimatkreis mehr westlich der Oder.

Ostbrandenburgische Heimatkreise bestehen noch folgende:

Arnswalde, Soldin, Landsberg/ Warthe Stadt und Land, Schwerin/Warthe, Königsberg/Neumark, Küstrin, Oststernberg, Züllichau - Schwiebus, Crossen

Das notwendige und sehr erfolgreiche Wirken der Landsmannschaft Berlin – Mark Brandenburg, sozial-politisch, heimatpolitisch, deutschlandpolitisch grenz-überschreitend versöhnend und für die Mitglieder psy-chologisch war ein Teil des Aufbaus und der Stabilität der alten Bundesrepublik und eine Kraft der Solidarität für die Menschen in der DDR. Die Arbeit war, trotz der in Organisationen unvermeidlichen Diskussionen und Richtungskämpfe nicht nur notwendig sondern auch erfolgreich. Darauf können die aktiven Ehrenämtler stolz sein.

Heimatkreisbetreuer der ersten Stunde:

Arnswalde	Ludwig Kothe, Kissenbrück, Börsum
Friedeberg	Erich Uhde, Herford
Königsberg/NM	Otto Meyer, Helmstedt
Landsberg/Warthe	Präsident Strunk, Schafstedt ü. Dithmarschen
Soldin	Erich Eichholz, Schleswig
Schwerin	Dr. Renner, Hannover
Meseritz	Walter Selle Hamburg
Oststernberg	Georg Krause, Weddelbrock ü.Braunstedt
Weststernberg	W.O. Simon, Husum
Züllichau – Schwie-bus	Dr. Schelenz, Hannover - Westers-feld
Crossen	Karl Wein, Itzehoe

Guben	Fürst Brockhöfe, Krs. Uelzen
Cottbus	Graf Pückler Rechtsanwalt, Detmold
Sorau	Werner Huckauf, Hannoversch Münden
Frankfurt/Oder	Dr. Satz, Oberstudienrat i.R. Hamburg, gestorben 31.1.1954
Guben	Ernst Weber, Hannover
Forst	Gerhard Krumm, Lübeck
Spremberg	W. Tempel, Bremen – Lesum
Calau	Graf Pourtales, Stavedde ü. Neustadt
Lübben	Freiherr Ottheinrich von Houwald, Stierhagen, Post Neustadt

Goldene Ehrennadel, die höchste Auszeichnung der Landsmannschaft

Die Landsmannschaft Berlin – Mark Brandenburg hat seit 1958 als Auszeichnung die Silberne Ehrennadel und als höchste Auszeichnung die Goldene Ehrennadel zu vergeben. In einer Urkunde wurde dies jeweils dokumentiert.

Die Silberne Ehrennadel konnte auf Antrag eines Landesverbandes oder eines Heimatkreises der Bundessprecher selbst verleihen. Die Goldne Ehrennadel durfte nur an eine genau begrenzte Zahl von Personen, zuletzt waren es drei Personen in jedem Jahr, verliehen werden und dies bedurfte eines Beschlusses des Geschäftsführenden Bundesvorstandes. Zunächst wurde nur eine Goldene Nadel jährlich vergeben.

1958 Der erste Bundessprecher der Landmannschaft, Reichsminister a. D. Dr. Walter von Keudell, war der erste Träger der Goldenen Ehrennadel.

1959 Ludwig Kothe.

1960 Dr. Heinz Kiekebusch, Nachfolger Keudells.

1961 Gustav Wilde, Stellvertretender Bundessprecher und Vorsitzender des Landesverbandes Berlin.

1962 Karl Heinz Kaiser, Vorsitzender des Landesverbandes Schleswig Holstein.

1963 Hans Taeglichsbeck, zeitweise Geschäftsführer.

1964 Emil Kandzia, Stellvertretender Bundessprecher und Vorsitzender des Landesverbandes Nordrhein – Westfalen.

1965/66 die ersten Heimatkreisbetreuer,
Otto Meyer, Königsbgerg N/M, und
Gustav Condereit, Ruppin

1967 Karl Wein, Crossen,

1968 Fritz Schwenzfeger, Bundesschatzmeister

1969 Arnold von Eckardstein, Heimatkreisbetreuer

1971 Georg Jacob und Paul Schuchardt.

1973 gab es sechs Träger der Goldenen Ehrennadel:
Werner Bader, damals Stellvertretender Bundessprecher, seit 1985 Bundessprecher,
Hans Beske, stellvertretender Bundessprecher, später Bundessprecher,
Horst Noack, Landesvorsitzender Niedersachsen und Heimatkreisbetreuer Cottbus,

Walter Selle, Meseritz,
Dr. Kurt Schelenz, Züllichau – Schwiebus,
Gerhard von Schuckmann, Arnswalde.

1974 gab es die Auszeichnung für
Richard Hingst, damals Bundesgeschäftsführer
und Initiator der Seniorenwohnungen des Bundessozialwerks in Hechingen.

1975 wieder sechs:
Herbert Scheffler, späterer Bundessprecher,
Rudolf Schulz – Rosengarten, Lebus,
Ruth Schulz, Züllichau – Schwiebus,
Fritz Hell, Weststernberg,
Dr. Hans Peter Ehrhardt, Landesverband Hamburg,
Dr Hans Filbinger, Ministerpräsident des Patenlandes Baden – Württemberg.

Nach einjähriger Pause

1977 Hermann Lehmann, Landesverband Hessen,
Willi Gutsche, Berlin
Walter Schüschke, Kreisverband Köln.

1979 Otto Kübler,
Arthur Glasemann,
Karl Dannenberg,Templin,
Franz Sorina - Angelini,
Dr. Lena Ohnesorge, Landesministerin Schleswig – Holstein,
Kurt Bellmann, Calau.

1981 Friedrich Loichen, ehemaliger Bundesschatz-
meister,
Herbert Grunau, ehemaliger Bundeskulturrefe-
rent,
Ernst Handke, Senior, Landsberg,
Gerhard Dewitz, Stellvertretender Bundes-
sprecher und Landesvorsitzender Berlin,
Dr. Hannemarie Condereit, stellvertretende
Bundessprecherin und Heimatkreisvorsitzende
Ruppin,
Heinz Schulz, Crossen,
Artur Ohm, Weststernberg,
Heinz F. H. Franke, Landesverband Schleswig
Holstein.

1982 Max Lieckfeld,

1983 Fritz Strohbusch, Landesverband Schleswig –
Holstein,
Fritz Jung, Arnswalde.

1984 gab es zehn Träger:
Joachim Sanft, Arnswalde,
Werner Mund, Königsberg N/M,
Anna Ehrenberg, Kreisverband Köln,
Max Harden, Soldin,
Erich Schulz, Friedeberg,
Erwin Falkenhagen, Kreisverband Lübeck,
Walter Krull, Vorsitzender des Landesverban-
des Bremen,
Erich Klemt, Schwerin/Warthe,
Hildegard Stürmer, Bundesgeschäftsstelle,
Karl–Heinz Knoth, Schleswig – Holstein.

1985 Eike Middeldorf, Soldin,
      Ernst Hoffmann, Meseritz,
      Charlotte Hentschel, Schleswig – Holstein,
      Artur Hübner, Friedeberg,
      Käte Belwan, Kreisverband Wiesbaden,
      Bruno Zickelbein, Landesverband Hamburg,
      Günter Promnitz, Vorsitzender Landesverband
      Schlewig – Holstein.

1987 Walter Schirm, Guben.

      Von diesem Zeitpunkt an habe ich durchge-
      setzt, daß in jedem Jahr nur drei Goldene Na-
      deln verliehen werden dürfen.

1989 Fritz Knüppel, Lebus,
      Bruno Mittelbachert, Landesverband Berlin,
      Walter Schmidt ,Berlin.

1990 Eitel Krüger, Meseritz,
      Dr. Günther Meinhardt, (Stifter),
      Fritz Mörke, Arnswalde,
      Johanna Kalläwe, Züllichau – Schwiebus.

1991 Erich Kühn, Landesverband Nordrhein – West-
      falen,
      Trude Rendel, Soldin,
      Walter Krupinski, Friedeberg.

1993 Siegfried Beske, langjähriger Kurator der Stif-
      tung Brandenburg,
      Gerhard Schulz, Bundeskulturreferent,
      Charlotte Vollbrecht, Guben,

Gustav Büchsenschütz, Schöpfer der Hymne „Märkische Heide."

1991 Karl Lau, Templin,
Gerhard Weiß, Arnswalde,
Günter Kirbach, Bundesgeschäftsführer.

Auch Polen erhielten die Silberne Ehrennadel der Landsmannschaft, als erster der Pfarrer von Drossen, Jan Koziol, dann Ludwig Lange, langjähriger Dolmetscher bei allen deutsch polnischen Tagungen, und seit 1994 erstes polnisches Mitglied der Landsmannschaft, Posen, Hubertus Gabriel, Arzt am Schwiebuser Krankenhaus.

Tagungsorte der Delegiertentagungen

1950	Celle
1951	Lüneburg
1952	Mölln, Lauenburg
1953	Braunschweig 3.-5.7.
1955	Eltville b. Wiesbaden 15.5.
1960	Dortmund
1961	Gießen
1962	Berlin
1963	Berlin
1964	Celle mit der wahrscheinlich größten Beteiligung von allen Landesverbänden und 35 Heimatkreisen.
1965	Berlin
1966	Bonn

1967	Kassel
1968	Hechingen
1969	Stuttgart
1970	Kiel
1971	Berlin
1972	Celle
1973	Hechingen
1974	Iserlohn
1975	Wolfsburg
1976	Sindelfingen
1977	Berlin
1978	Stuttgart
1979	Lübeck
1980	Stuttgart
1981	Celle
1982	Braunschweig
1983	Fulda
1984	Berlin
1985	Stuttgart, Wahl des Bundessprechers Werner Bader, 31 Stimmen Rudolf Schulz–Rosengarten 22 Stimmen
1986	Münster, erste Beratungen über die zukünftige Arbeit
1987	Berlin, Wiederwahl von Werner Bader zum Bundessprecher
1988	Karlsruhe, Tag der Berlin – Brandenburger Programmatische Rede Werner

Bader, Vorstellung des Buches „Steige hoch, du roter Adler"

1989   Berlin,   Wiederwahl von Werner Bader zum Bundessprecher

1990   Heilbronn,   Neue Satzung beschlossen

1992   Potsdam,   Wiederwahl Bader mit 51 gegen Dewitz 34 Stimmen Eine Richtungsentscheidung. Dewitz war mit 27 Delegierten gekommen, denn Delegierte konnte man kaufen. Konzeption Bader stand gegen Konzeption Dewitz. Wiederwahl von Werner Bader zum Bundessprecher 37 Stimmen, Gegenkandidat Bodenhausen 17

1993   Rheinsberg, 6.- 8.11.

1994   Schmerwitz, Wiederwahl von Werner Bader

1995   Werder/ Havel

1995   Nienburg/Weser, Wiederwahl von Werner Bader

1996   Schwiebus, Wiederwahl von Werner Bader, zum ersten Mal ostwärts der Oder in der alten Heimat

1997   Schwiebus östlich der Oder, in der alten Heimat

1998   Fürstenwalde

1999   Fürstenwalde, Haus Brandenburg, Rücktritt Werner Bader nachdem seine zuvor einstimmig beschlossene Konzeption des Hauses mit 29: 21 Stimmen abgelehnt worden war. Die Abstimmung hätte er anfechten können, denn der Heimatkreis Landsberg war ausgetreten, dann kurzfristig wieder eingetreten und hatte sich finanziell vier Delegierte beschafft, die dagegen stimmten. Ein anderer Heimatkreis war plötzlich mit doppelter Anzahl von Delegierten erschienen.

2000   Fürstenwalde

Acht Mal fanden die Delegiertentagungen während der Spaltung Deutschlands in Berlin statt. Nach der Wiedervereinigung - bis auf Ausnahmen - nur noch im Land Brandenburg, ja mehrfach sogar in Ostbrandenburg, heute Polen.

In Frankfurt(Oder) April 1990, in Potsdam 1991, Rheinsberg 1992, mit kulturellen Informationsfahrten durch Teile des Havellandes, Schmerwitz 1993, Werder 1994, nochmal Frankfurt 1995, Schwiebus 1996. Dann zweimal in Fürstenwalde 1998 und 1999. Dazu kamen Kulturtagungen und Seminare in Forst, Cottbus mit Fahrt durch das Niederlausitzer Braunkohlengebiet und Besuch in Spremberg, Lauske bei Schwerin an der Warthe, Meseritz 1994, Landsberg.

Sowie Rundfahrten durch die Neumark, nach Königsberg N/M, Arnswalde, Soldin, Züllichau - Schwiebus einschließlich Kloster Paradies.

1994   Ministerpräsident Manfred Stolpe spricht in Gildenhall vor fast 3.000 Brandenburgischen Vertriebenen aus Züllichau – Schwiebus.

Die Gründung des Kulturfördervereins Mark Brandenburg

Kurz vor dem Eklat in der Landsmannschaft ist auf meinen Vorschlag der „Förderverein Haus Brandenburg" im Kongreßhotel Frankfurter Hof gegründet worden. Da waren die späteren „Putschisten" Dieter Lonchant, Markus Groß und Hans – Joachim Wangnick noch dabei. Sie machten mit. Das war am 30.6.1997

Wie notwendig dieser Schritt war, zeigte sich nach dem Rücktritt fast des gesamten Vorstandes der Landsmannschaft, des Bundessprechers, Werner Bader, zwei der drei Stellvertretenden Bundessprecher, Dr. Hannemarie Condereit, und Wolfgang Behrens, des Schatzmeisters Ulrich Wilhelm und des Austritts von fünf Heimatkreisen, ihnen bot er die Möglichkeit für weitere Aktivitäten.

Die erste Vorsitzende war Frau Dr. Hannemarie Condereit. Ich wollte für mich eine Ämterhäufung vermeiden. Auf der Mitgliederversammlung am 6.9.2003 in Caputh bei Potsdam bin ich dann zum Vorsitzenden gewählt worden.

Meine grundsätzliche Überlegung war: Aus der bitteren Erkenntnis, daß die deutschen Heimatvertriebenen im biologischen Prozeß immer weniger werden und niemand nachkommt, aber die brandenburgische Bevölkerung Jahrzehnte nach dem Kriege nicht für eine Vertriebenen - Organisation, auch nicht für eine Landsmannschaft mit ihrem Heimatgebiet im Namen, zu gewinnen ist, war die Gründung dieses Vereins notwendig.

Für eine solche museale Aufgabe mit dem Haus Brandenburg im Mittelpunkt hofften wir Mitglieder gewinnen zu können. Es zeigte sich aber, auch dies war nicht möglich. Eine weitere Zusammenarbeit mit der Landsmannschaft verhinderten die aufgekommenen Querelen

Als Ausweg blieb nun die Bildung des „Kulturförder-vereins Mark Brandenburg", der über das brandenbur-gische Vertreibungsgebiet hinaus für die gesamtbran-denburgische Kultur wirken sollte. Jetzt ging die Rech-nung auf. Der Kulturförderverein Mark Brandenburg konnte neben Mitgliedern aus der Landsmannschaft auch Nichtvertriebene – Brandenburger gewinnen und arbeitete erfolgreich. Das hält bis auf den heutigen Tag an. Die Kultur Ostbrandenburgs bleibt dabei ein-bezogen.

In dem Kulturförderverein wirken so verdienstvolle Landsleute mit, wie Ruth Schulz, 45 Jahre lang Hei-matkreisbetreuerin für Züllichau – Schwiebus, Ehren-bürgerin ihrer nun polnischen Heimatstadt Züllichau, der langjährige Bundesgeschäftsführer Günter Kir-bach, der großen Anteil an den Erfolgen der Lands-mannschaft hat, Elfriede Krause, ehemalige Sprem-bergerin und kulturaktiv, die in Pattensen lebt und an-dere frühere Landsmannschaftsmitglieder.

Neu hinzu gekommen sind geschichts – und heimat-
bewußte Unternehmer, wie Michael Schönberg, der
beispielsweise auf Vorschlag von Werner Bader im
Bredow – Dorf Görne ein Fontane – Denkmal sponser-
te, und neben dem Geschäftsführer des BdV – Landesverbandes Brandenburg, Eberhard Clemens, als
Stellvertretender Vorsitzender wirkt. Eberhard Clemens ist zugleich Organisator des Ostdeutschen Kul-
turtages des BdV in Brandenburg. Als Vorstandsmitglieder ferner die kulturkreative Ingrid Bargel mit vielen
Initiativen und der Organisation von musikalischen und
literarischen Veranstaltungen und der aus Westdeutschland gekommene Rüdiger Becker, der sich
Brandenburg verbunden fühlt. Dazu der Altbürger-
meister von Spremberg, Egon Wochatz sowie Hagen
Rittel, eine der Symbolfiguren der Stadt Spremberg. Er
wirkt dort als Nachtwächter Kulke. Aber auch Lehrer
und Aktivisten der Kultur auf dem Lande sind mit dabei.

Der Kulturförderverein Mark Brandenburg steht allen
Brandenburgern aber auch allen Freunden Brandenburgs offen und freut sich über jedes neue Mitglied. Er
gibt einen Informationsdienst heraus.

Der Kulturförderverein Mark Brandenburg hat zahlreiche Aktivitäten fortgeführt, die die Landsmannschaft
nicht mehr zu leisten im Stande war.

Seit dem 80. Geburtstag der „Märkischen Heide", seit
dem 10. Mai 2003, gibt es einen Gustav – Büchsenschütz – Weg. Der Kulturförderverein weihte ihn mit
einer großen Feierstunde unter Beteiligung von 250
Brandenburgern ein.

Der Gustav – Büchsenschütz – Weg geht direkt vom neuen Gemeindezentrum der Gemeinde Oberkrämer in Eichstädt bis zum Gedenkstein für Gustav Büchsenschütz und sein Lied nach Wolfslake und ist 2 Kilometer lang. Unter dem Straßenschild ist der informatorische Hinweis angebracht: "Schöpfer der Brandenburger Hymne." Bei der Feier zum 100. Geburtstag von Büchsenschütz hat Werner Bader, Verwalter des künstlerischen Nachlasses des Liedschöpfers, in seiner Rede vorgeschlagen, eine Straße nach Büchsenschütz zu benennen. Dieser Wunsch ist also Wirklichkeit geworden. Werner Bader, der Landrat von Oberhavel, Karl – Heinz Schröter, Bürgermeister Helmut Jilg und Frau Irmgard Büchsenschütz weihten den Weg ein. Die rund 250 Märker, die sich versammelt hatten, wanderten zu Fuß, fuhren mit dem Fahrrad oder Auto den zwei Kilometer langen Weg bis zum Gedenkstein. Die Ehrengäste fuhren mit einem Kremserwagen voraus. Es war eine bunte, fröhliche Karawane. Am Denkmal wurden Blumen niedergelegt. Die Presse berichtete ausführlich. Die Landsmannschaft Berlin – Mark Brandenburg nahm von dem Jubiläum der „Märkischen Heide" keine Notiz. Das ist unverständlich und bleibt bedauerlich, denn in den Jahrzehnten der Teilung Deutschlands gehörte das Lied, als Bekenntnis zur verlorenen märkischen Heimat, bei allen Zusammenkünften der ostbrandenburgischen Heimatvertriebenen dazu. Es wurde im Stehen gesungen. Der Kulturförderverein Mark Brandenburg wird Sachwalter unseres Liedes bleiben.

Gott sei Dank haben wir den Kulturförderverein Mark Brandenburg gegründet, der sich um ganz Brandenburg kümmert, schwerpunktmäßig auch um Ostbrandenburg. Damit ist dieser Verein die einzige Organisation, die sich dieser Thematik annimmt.

Die Brandenburger Vertriebenen in den Bundesländern

Nach der Vertreibung aus Ostbrandenburg lebten 1950 in Baden – Württemberg 7.000, Märker, in Bayern 14.000, in Berlin (West) 22.000, in Bremen 1.000, in Hamburg 3.000, in Hessen 10.000, in Niedersachsen 47.000, in Nordrhein - Westfalen 26.000, in Rheinland – Pfalz 3.000, im Saarland einige Hundert. in Schleswig – Holstein 20.000. In der alten Bundesrepublik also insgesamt 153.000 Ostbrandenburger. In der SBZ mit Ostberlin waren es 241.000.

Diese Vertriebenen stammten aus Brandenburg östlich der Oder und der Neiße. Das Gebiet war 11.329 Quadratkilometer groß. Dort lebten bis Kriegsende 645.000 Deutsche, in Prozent der Gesamtbevölkerung 99 %. Im Krieg sind über 40.000 gefallen. 208.000 sind auf der Flucht und Vertreibung umgekommen, ermordet worden oder blieben vermißt.

Die größten Städte waren Frankfurt/Oder, Dammvorstadt, östlich der Oder, gegründet 1253, Küstrin, (1317), Landsberg/Warthe, (1257), Schwerin/Warthe, (1312), Sorau, Schwiebus, Arnswalde. Aber auch historisch interessante Kleinstädte sind zu nennen, wie Königsberg /Neumark mit gotischem Rathaus und der Marien - Kirche mit einem 102 Meter hohen Turm, (1240), Drossen, mit vollständiger Stadtmauer und der großen gotischen Jakobikirche, Reppen, Sonnenburg mit der Balley des Johanniterordens, Lagow, die

186

kleinste Stadt Preußens, mit knapp über 700 Einwohnern, Zielenzig, Friedeberg, Arnswalde, Neudamm,
Züllichau, in der Nähe das berühmte Kloster Paradies.

Östlich von Oder und Neiße wurde mehr als ein Viertel
Brandenburgs polnisch.